W0340177

Raymond Moody/Paul Perry

BLICK HINTER DEN SPIEGEL

RAYMOND MOODY
unter Mitarbeit von Paul Perry

BLICK HINTER DEN SPIEGEL

Botschaften aus der anderen Welt

*Aus dem Amerikanischen
von Susanne Kahn-Ackermann*

GOLDMANN VERLAG

Die amerikanische Originalausgabe erschien 1993 unter dem Titel
»Reunions. Visionary Encounters with Departed Loved Ones«
bei Villard Books, New York.

Gertraud Storch
Schauenburgstr. 33
69221 Dossenheim
Tel. (06221) 86 97 27

Umwelthinweis:
Dieses Buch und der Schutzumschlag
wurden auf chlorfrei gebleichtem Papier gedruckt.
Die Einschrumpffolie (zum Schutz vor Verschmutzung)
ist aus umweltfreundlicher und recyclingfähiger PE-Folie.

Der Goldmann Verlag
ist ein Unternehmen der Verlagsgruppe Bertelsmann

2. Auflage
© 1993 by Dr. Raymond Moody with Paul Perry
© der deutschsprachigen Ausgabe 1994
by Wilhelm Goldmann Verlag, München
Satz: Uhl + Massopust, Aalen
Printed in Germany · Presse-Druck Augsburg
ISBN 3-442-30612-4

Inhalt

Einleitung

Die menschliche Natur schmerzt kaum etwas mehr als der Schmerz einer neuen Idee.

Walter Bagehot

Der Wunsch, geliebten Menschen, die wir an den Tod verloren haben, wiederzubegegnen, gehört zu den quälendsten und beharrlichsten menschlichen Verlangen; ein Verlangen, das Ausdruck erhält durch eine Litanei von »was wenn« und »wenn doch nur« sowie trauervollen Bitten um nur noch einmal wenigstens fünf Minuten.

Manchmal geht dieser Wunsch in Form von Visionen oder Erscheinungen von Verstorbenen in Erfüllung, Erfahrungen, die sich allen Berichten zufolge sehr von Träumen unterscheiden. Es handelt sich hier um im Wachzustand erlebte Momente, in denen die Präsenz einer verstorbenen Person intensiv und – anscheinend – unmißverständlich gespürt oder wahrgenommen wird. Diese Episoden sind insofern stets sehr überzeugend, als die Person, die sie erlebt, keinen Zweifel daran hegt, daß es sich um eine reale Begegnung handelte, und sie sich nun sicher ist, daß es ein Leben nach dem Tod gibt.

Schon lange vor Anbeginn historischer Aufzeichnungen fanden Erlebnisse mit Erscheinungen von Verstorbenen Eingang in die Sprache und Folklore der Kulturen aller Welt. Und selbst heute sind solche Wiederbegegnungen erstaunlich häufig. Eine Reihe von in medizinischen und anderen wissenschaftlichen Zeitschriften veröffentlichten Untersuchungen ergaben, daß ein hoher Prozentsatz trauernder Hinterbliebener Visionen von verstorbenen Personen hat und daß Witwen sogar zu 66 Prozent ihr verstorbener Ehemann erscheint.

Daß diese Untersuchungen vor allem bei Witwen durchgeführt wurden, hat den einfachen Grund, daß Frauen ihre Männer häufig überleben. Es gibt ganz einfach mehr Witwen, die für solche Studien zur Verfügung stehen. In Kliniken durchgeführte Untersuchungen zeigen aber, daß solche Erlebnisse auch bei anderen Personengruppen – Kindern, Eltern, Geschwistern, Freunden – durchaus nicht ungewöhnlich sind. Zum Beispiel sehen 75 Prozent der Eltern, die den Tod eines Kindes betrauern, binnen eines Jahres ihr Kind in irgendeiner Form erscheinen, eine Erfahrung, die für die meisten Eltern einen großen Trost bedeutet und ihre Trauer etwas mindert.

Auch Menschen mit Nahtoderfahrungen haben häufig ähnliche Erlebnisse. Sie berichten, daß sie in ein Reich des Lichts eintraten und ihnen die Geister von bereits verstorbenen Verwandten und Freunden entgegenkamen. Diese Erfahrungen haben oft transformativen Charakter und positive Nachwirkungen.

Der Gedanke liegt nah, daß eine solche Nahtoderfahrung mit ihren machtvollen Auswirkungen, könnte man sie kopieren und bei ganz gesunden Menschen auslösen, im Rahmen der therapeutischen Arbeit mit Trauernden gut einzusetzen wäre. Der Erfolg des Hollywoodfilms *Flatliners* zeigt, daß diese Idee auf großes Interesse stößt. In diesem Film geht es um einige Medizinstudenten, die bei sich einen kurzfristigen Herzstillstand herbeiführen, um so Nahtoderfahrungen zu machen. Diese Methode des kurzen Ausflugs ins Jenseits, um von dort Botschaften zurückzubringen, bot zwar Stoff für einen interessanten Film, doch würde in der Realität niemand, der bei rechten Sinnen ist, einen solchen Stunt wagen.

Mich interessierte aber weiterhin die Möglichkeit einer künstlichen Herbeiführung der Nahtoderfahrung, und hier vor allem der Aspekt der Wiederbegegnung mit geliebten verstorbenen Menschen. Wenngleich dies auch nur eine Komponente der Nahtoderfahrung darstellt, so hatte ich doch das Gefühl, daß ich mehr über das gesamte Phänomen in Erfahrung bringen könnte, wenn ich den Zugang zu diesen Geisterscheinungen erleichtern könnte. Doch noch hatte ich keine Ahnung, wie das zu bewerkstelligen wäre.

Dann fiel mir eines Tages die Antwort buchstäblich entgegen.

Es geschah an einem Herbsttag im Jahr 1987. Ich durchstöberte die Regale eines Antiquariats in einer kleinen Stadt in Georgia. Als ich mich schließlich der Abteilung von Kunstbüchern im hinteren Teil des Ladens zuwenden wollte, fiel ein Buch aus einem der Regale und landete direkt vor meinen Füßen.

Ich bückte mich, um es aufzuheben, und las seinen Titel: *Kristallomantie.* Zunächst empfand ich Abscheu. Dieses Thema war schon immer mit Betrug und Täuschung befrachtet – die Zigeunerin, die ihre Kunden beschwindelt, oder der Wahrsager, der noch mehr Geld braucht, bevor er in seiner Kristallkugel etwas Klares sehen kann. Ich hätte das Buch sofort ins Regal zurückgestellt, hätte ich mich da nicht an eine Unterhaltung mit Dr. William Roll erinnert, einem Pionier auf dem Gebiet des Paranormalen, der mir erzählt hatte, daß bestimmte Menschen tatsächlich in der klaren Tiefe eines Spiegels oder spiegelnder Gegenstände zu Visionen kamen. Aus reiner Neugier durchblätterte ich ein paar Seiten und fing dann an, das erste Kapitel zu lesen. Der Autor, Northcote Thomas, war ein engagierter und ernsthafter Wissenschaftler. Er besprach einige Methoden der Kristallomantie und ging auch kurz auf ihre psychologischen Elemente ein.

Der vielleicht interessanteste Teil des Buches war die Einleitung des hervorragenden Wissenschaftlers Andrew Lang. Er gab seiner Überzeugung Ausdruck, daß die Gemeinde der Psychologen und Wissenschaftler sich wohl schaudernd von jedem abwenden würde, der den Versuch einer rationalen Erforschung der Kristallomantie unternähme. Doch zeigte er rasch auf, daß eine solche Reaktion unfair sei, da sie wissensdurstige Menschen davon abhielte, die Geheimnisse des Geistes zu erkunden. Und er bemühte sich, die eventuell entstehenden Ängste der Mediziner und Wissenschaftler abzubauen, indem er schrieb:

»Wir befinden uns allein schon durch eine Erforschung der Kristallomantie an der Grenze zur Quacksalberei, zum Schwindel, zur blinden Leichtgläubigkeit, begieriger Hoffnungen und abergläubischer Ängste. Ist diese Grenze einmal überschritten, so geben zweifellos selbst in den Naturwissenschaften geübte Geister oft ihr wissenschaftliches oder vernünftiges Denken auf ... So können wir uns die Abneigung der Wissenschaftler gegen eine Untersuchung von Phänomenen erklären, die im Grunde nicht provozierender sind als Tagträume oder nächtliche Träume. Es handelt sich um Phänomene der menschlichen Natur, um eine Ausübung menschlicher Fähigkeiten, und als solche laden sie zur Erforschung ein. Es zeugt nicht gerade von Mut, wenn man sich davor drückt.«

Dieses Buch brachte mich auf den Gedanken, mich mit den faszinierenden Möglichkeiten der Kristallomantie zu befassen. Ich hatte bereits einige der Methoden verschiedener Kulturen studiert, mit denen ein veränderter Bewußtseinszustand bewirkt und genutzt wird. Dabei war ich auf eine Reihe von Berichten über die Beschwörung der Geister von Toten gestoßen. Am bemerkenswertesten schienen mir hier die Erfahrungen mit den Totenorakeln im alten Griechenland zu sein, wobei Menschen eine Seelenreise unternahmen, um Rat bei den Geistern der Verstorbenen einzuholen. Berichte, die uns aus dieser schon so lang vergangenen Zeit noch erhalten sind, machen klar, daß diese Menschen während ihrer Reise wohl tatsächlich die Verstorbenen gesehen und mit ihnen in direktem Kontakt gestanden haben.

Jenes Buch und weitere Forschungsarbeiten zeigten mir, daß uns Visionen von verstorbenen geliebten Menschen weitaus zugänglicher sind, als bisher angenommen wurde. Ich stellte mir eine Reihe von Fragen, die die Kristallomantie möglicherweise beantworten konnte.

Erklärt dies, warum so viele Menschen Geister sehen? Das Sehen von Gespenstern oder Erscheinungen ist ein außerordentlich weit verbreitetes Phänomen. Einige sehr gründlich durchgeführte Studien haben gezeigt, daß jeder vierte Amerikaner einräumt, wenigstens schon einmal im Leben ein Gespenst gesehen zu haben, wohingegen in Europa mancherorts jeder dritte eine solche Erfahrung gemacht hat.

Menschen, die ein solches Erlebnis haben, sehen die Toten nicht nur, sondern können sie manchmal auch hören, fühlen und sogar riechen. Alle diese Begegnungen erinnern uns nachdrücklich daran, daß die von uns geliebten Menschen tief in unser Unbewußtes eingebettet sind. So tief, daß der Gedanke, wir sollten auch weiterhin in der einen oder anderen Form mit ihnen kommunizieren, keinen großen Sprung darstellt.

Carl Sagan, Autor und Astronom an der Cornell University, schrieb in der Zeitschrift *Parade* über seine eigenen Erfahrungen: »Nach ihrem Tod habe ich wahrscheinlich ein dutzendmal meine Mutter oder meinen Vater in ganz gewöhnlichem Unterhaltungston meinen Namen rufen hören. Als sie noch lebten, haben sie meinen Namen oft gerufen. Und ich vermisse sie immer noch so sehr, daß es mir gar nicht merkwürdig vorkommt, wenn mein Gehirn gelegentlich den Impuls einer Art klaren Erinnerung an ihre Stimmen empfängt.«

Auch mich überrascht das nicht. Obgleich der physische Körper verschwunden ist, ist der Geist der Toten doch noch immer ein sehr lebendiger und wichtiger Bestandteil unseres Geistes. Vielleicht müssen wir, um mit ihnen zusammenzusein, nur eine Möglichkeit des Eintauchens in unser Unbewußtes finden. Ich war der Meinung, daß die Kristallomantie uns diese Möglichkeit bieten könnte.

Ermöglicht die Kristallomantie die Erforschung des Sehens von »Geistern« unter Laborbedingungen? Wie ich schon darlegte, berichten Millionen von Menschen, daß sie spontan und ohne einen entsprechenden Versuch zu unternehmen, verstorbene geliebte Menschen gesehen haben. Diese Erscheinungen schienen einfach von sich aus aufzutreten, ohne daß die betreffenden Personen sich in eine entsprechende Stimmung hätten hineinarbeiten müssen.

Weil diese Erscheinungen so spontan auftreten, ist die Forschung hier weitgehend auf die Berichte und Geschichten von Leuten angewiesen, die Geister sehen und bereit sind, davon zu erzählen.

Bisher war es nicht möglich, solche Phänomene unter Laborbedingungen in Erscheinung treten zu lassen, geschweige denn, sie herbeizuzwingen. Für Psychologen sehr frustrierend, konnten solche Berichte lediglich gesammelt und auf Ähnlichkeiten hin überprüft werden.

Ich fragte mich, ob es mit Hilfe der Kristallomantie wohl möglich wäre, unter kontrollierten Bedingungen ein solches Phänomen zu bewirken. Ließe es sich bewerkstelligen, daß Wissenschaftler eine Person, die einen Geist sieht, beobachten konnten? Dies war in der Tat eine sehr aufregende Vorstellung.

Können Wiederbegegnungen mit verstorbenen geliebten Personen Hinterbliebenen bei der Bewältigung ihrer Trauer und ihres Kummers helfen? Diese Frage interessierte mich ganz besonders, weil die Trauer eine der Emotionen ist, mit deren Bewältigung wir die größten Schwierigkeiten haben. Vielleicht konnte die Kristallomantie Menschen die Gelegenheit geben, geliebte verstorbene Personen erscheinen zu lassen und so ihren Kummer möglicherweise zu lindern.

Als ich da so in jenem staubigen Buchladen stand, stieg Erregung in mir hoch, und ich wußte, daß ich die nächsten Jahre damit verbringen würde, einen großen unerforschten und vielversprechenden Bereich zu untersuchen. Wenn ich ernsthaft arbeitete und offen an das Thema heranging, würde ich, dessen war ich mir sicher, die Kristallomantie aus der Grauzone »an der Grenze zur Quacksalberei« herausführen und sie zu einem der Psychologie zugänglichen und für sie wertvollen Bereich machen können.

Ich beschloß, einige Zeit auf das ernsthafte Studium dieser

vergessenen Kunst zu verwenden. Ich durchsuchte die Regale der Bibliotheken nach historischem und literarischem Material über die Kristallomantie.

Ich beschloß auch, eine informelle Untersuchung durchzuführen, und ließ eine Reihe von Menschen die Kristallomantie erproben. Die Resultate fielen so überraschend aus, daß ich damit begann, möglichst schnell möglichst viele Kristallomantie-Sitzungen durchzuführen, um eine Menge Fallstudien anzusammeln. Aus diesen Sitzungen habe ich den Schluß gezogen, daß die Kristallomantie wie folgt genutzt werden kann:

Ein persönlicher Zugang zu einer wahrhaft faszinierenden, aber wenig bekannten Dimension unseres geistigen Lebens. Vieles von dem, was sich im menschlichen Geist tut, ereignet sich im Unbewußten. Die Kristallomantie ermöglicht uns unter Umständen den Zugang zu diesem Reich des Unbewußten und macht es in gewissem Sinn *sichtbar*.

Ein Werkzeug für Psychologen und Psychiater, um die innere Welt ihrer Patienten zu verstehen. Es ergeben sich vor allem im Bereich der Diagnose mentaler und emotionaler Schwierigkeiten große Möglichkeiten und – dies ist etwas ungesicherter – vielleicht auch bei physischen Krankheiten.

Ein pädagogisches Mittel für Lehrende im Bereich der Psychologie zur Erkundung der Wunder des menschlichen Geistes. Man sollte nicht vergessen, daß bei der Unterweisung und Erziehung Spaß und Vergnügen wichtig sind, wie auch im übrigen in der Therapie. Da die Kristallomantie Spaß macht, kann sie das latente Interesse der Studenten und Studentinnen wecken.

Ein Mittel, um die kreativen Fähigkeiten zu stimulieren. Schriftsteller, Wissenschaftler, Geschäftsleute und andere haben sich den auch für die Kristallomantie erforderlichen Trancezustand zunutze gemacht, um ihre Kreativitätsblokkaden zu überwinden. Ich werde in diesem Buch einige Beispiele der kreativen Anwendung von der Kristallomantie ähnlichen Techniken aufführen, derer sich Thomas Edison, Charles Dickens, René Descartes und andere bedienten.

Ein Schlüssel zum Verständnis einiger verwirrender Vorfälle in der Geschichte. Das Studium der Kristallomantie wirft auch ein Licht auf die Welt unserer Vorfahren, die häufig den Rat verstorbener Verwandter einholten, bevor sie wichtige Entscheidungen trafen. Das Kapitel über die Geschichte enthüllt viele Fälle, in denen die Kristallomantie Anwendung fand. Ich bin sicher, daß mir nach der Lektüre dieses Buches einige Historiker von weiteren Beispielen berichten werden, die hier nicht Erwähnung fanden. Solche Fälle sind oft nicht auf den ersten Blick auszumachen. Meiner Ansicht nach liegt das daran, daß die Kristallomantie in der Vergangenheit so allgemein verbreitet war, daß die Prozedur nicht immer eigens beschrieben wurde. Dies wurde als so unnötig erachtet, wie es etwa ein Schriftsteller unserer Tage für überflüssig halten würde, zu beschreiben, wie man einen Telefonanruf macht.

Wenn Sie sich für Geschichte interessieren, wird die Kristallomantie sehr wahrscheinlich ein neues Licht auf alte Rätsel werfen. Vor allem ist sie nützlich für das Verständnis der Welt der Propheten und Visionäre, die über Hunderte von Jahren eine kulturelle Leitfunktion innehatten.

Ein Weg, um die Neigung des Menschen zu erkunden, an Okkultes und übernatürliche Kräfte zu glauben. Wenn wir das Wesen der Kristallomantie verstehen, kann die Welt des Paranormalen nicht nur studiert, sondern auch unter kontrollierten Laborbedingungen reproduziert werden.

Eine solche Behauptung ist vorher noch nie aufgestellt worden. Tatsächlich sieht sich die Wissenschaft bei paranormalen Ereignissen, vor allem beim Sehen von Erscheinungen, vor das Problem gestellt, daß man bislang noch keine Erscheinungen im Labor herbeizubeschwören vermochte. Und wenn ein Phänomen in einem Labor nicht reproduziert werden kann, kann es von der Wissenschaft nicht effektiv untersucht werden. Dazu kommt, daß ein Phänomen, das sich nicht reproduzieren läßt, häufig als Schwindel abgetan wird.

Ich möchte hier nicht das Für und Wider einer solchen Denkweise erörtern, sondern nur darauf verweisen, daß die Kristallomantie den Menschen erlaubt, die Geister von verstorbenen Verwandten *buchstäblich zu jeder gewünschten Zeit* zu sehen. Und das bedeutet natürlich, daß eine solche Erfahrung auch im Labor erforscht werden kann. Zum ersten Mal können Wissenschaftler eine Person beobachten, die einen Geist »sieht«. Sie brauchen nicht länger darauf zu warten, daß sich eine solche Begebenheit spontan ereignet, um dann später eine Analyse zu versuchen.

Wir haben hier eine Möglichkeit, zu sehen, wie der Geist verstorbener Verwandter erscheint, und das ist wahrscheinlich der größte Nutzen. Bei manchen Menschen kennt die Trauer, wenn sie eine geliebte Person verlieren, keine Grenzen, und die Kristallomantie erlaubt ihnen, an einigen Aspekten ihres Kummers zu arbeiten. Für mich ist dies der lohnendste Teil an der ganzen Sache, da, wie gesagt, die Trauer zu unseren tiefsten psychischen Schmerzen gehört.

Paranormale Möglichkeiten

Wenn Sie wie ich Bücher über das Paranormale lesen, werden Sie sicherlich gelegentlich innehalten und sich fragen: »Warum hatte ich noch keine Erfahrung dieser Art?« Ich biete Ihnen nun ein weiteres Buch über das Paranormale an, aber es unterscheidet sich in einem Punkt: Wenn Sie die hier beschriebenen Techniken anwenden, werden ziemlich viele von Ihnen in der Lage sein, visionäre Wiederbegegnungen mit geliebten Menschen herbeizuführen, die Sie an den Tod verloren haben. Wenn Sie mein Buch mit der Absicht lesen, diese Methode anzuwenden, empfehle ich Ihnen jedoch, zunächst das ganze Buch zu lesen, um die involvierten Vorgänge gründlich zu verstehen.

Ich möchte auch betonen, daß diese Arbeit nichts mit der Arbeit eines Mediums oder mit Séancen zu tun hat. Medien behaupten, eine außergewöhnliche Fähigkeit zu besitzen, die es ihnen ermöglicht, auf Bitten ihrer Klienten hin Kontakt mit den Geistern der Toten aufzunehmen und nach beiden Seiten Botschaften zu übermitteln. Dabei müssen der Klient oder die Klientin die Existenz eines solchen Talents akzeptieren und glauben, daß dieses bestimmte Medium darüber verfügt. Die Arbeit mit einem Medium kann bestenfalls zu einer Begegnung aus zweiter Hand führen. Tatsächlich impliziert ja das Wort *Medium,* daß die Kommunikation über den Weg einer dritten Partei stattfindet.

Die in diesem Buch beschriebene Prozedur arbeitet insofern anders, als sie den betreffenden Personen eine direkte Begegnung mit den Erscheinungen ermöglicht und sie in die Lage versetzt, selbst den Realitätscharakter ihrer Erfahrung einzuschätzen.

Als menschliche Wesen sind wir von Ängsten geplagt. Und es gibt eine Angst, die wir nie ganz überwinden: die Angst vor dem Tod. Sie ist unsere größte persönliche Angst. Sie ist eine Grenze, die wir nie überwinden können.

Gesellschaftlich gesehen haben wir es uns leichtgemacht und dem Tod seinen Platz zugewiesen. Wir haben die Friedhöfe so angelegt, daß sie uns den Tod aus dem Blickfeld halten. Wir haben Horrorfilme, damit sie uns an den Schrekken des Todes erinnern. Und im allgemeinen sprechen wir nicht viel über den Tod, es sei denn, es ist unbedingt erforderlich.

Alle diese Beschränkungen zielen darauf ab, uns einzureden, daß es eine Welt der Lebenden und eine Welt der Toten gibt und daß die auf der einen Seite sich nie auf die andere Seite wagen können.

Doch meiner Erfahrung nach existiert zwischen diesen beiden Welten eine Zwischenzone. Logisch gesehen enthält dieser Bereich nichts. Er ist lediglich die Zone zwischen Leben und Sterben.

Was nicht angezweifelt werden kann, ist die Tatsache, daß es gewisse Phänomene des lebendigen Bewußtseins gibt, die darauf hinzuweisen scheinen, daß wir den Tod überleben. Zu diesen Phänomenen gehören Nahtoderfahrungen, Erscheinungen von Verstorbenen und schamanische Reisen in die Geisterwelt. Solche Erfahrungen werden als Übergänge zwischen Leben und Tod wahrgenommen, die irgendwie mit beidem und doch auch wieder mit nichts von beidem zu tun haben. Sie bezeichnen etwas, das wir *das Mittelreich* nennen könnten.

Die Existenz dieses Mittelreichs läßt sich nicht wissenschaftlich beweisen. Und doch ist es wahr, daß eine nicht zu unterschätzende Vielzahl von Menschen mit gesundem Verstand und kluger Urteilskraft Erfahrungen machen, die sie davon überzeugen, daß das, was wir Tod nennen, nur der Übergang in eine andere Gewahrseinsdimension ist, eine Dimension, die wir *das Leben nach dem Tod* nennen.

Auf diesem Hintergrund kann die Kristallomantie ganz gewiß zu den Methoden gezählt werden, die uns einen Zugang zum Mittelreich gewähren, und zwar auf gefahrlose Weise.

Nun möchte ich Ihnen von dem erzählen, was zum Abenteuer meines Lebens wurde. Ich habe viele Menschen durch diese intensiven visionären Begegnungen, *herbeigeführte Erscheinungen* genannt, geleitet. Sie haben ihre geliebten verstorbenen Verwandten gesehen, sich mit ihnen unterhalten und so Geheimnisse des Mittelreichs erfahren, über die sie bislang nur gelesen hatten. Auch ich hatte eine Begegnung mit einer solchen Erscheinung. Ich unterhielt mich mit meiner verstorbenen Großmutter, die so real in Erscheinung trat wie ein Passant, der Ihnen auf der Straße entgegenkommt. Ich habe auch in den Klassikern der Literatur und Wissenschaft neue Bedeutungen entdeckt und reiste zu unheimlichen, zweitausend Jahre alten Bauten, die den Zweck hatten, die Menschen mit ihren verstorbenen Verwandten in Kontakt zu bringen.

Was folgt, ist ein faszinierendes Rätsel.

1. Das Wesen von Visionen

»Manchmal bezeichne ich Phantasie als etwas, das mir von jemand anderem erzählt wurde und das ich selbst nie gesehen habe.«

Michael Harner

Tief in der wissenschaftlichen Literatur begraben, finden sich einige Untersuchungen über Wiederbegegnungen mit Verstorbenen.

Die erste Studie dieser Art, von der ich Kenntnis habe, war eine 1894 durchgeführte »Zählung der Halluzinationen« – eine faszinierende Forschungsarbeit unter der Leitung von Henry Sidgwick, Mitglied der »Society for Psychical Research« in England. Siebzehntausend Menschen wurde folgende sehr persönliche Frage gestellt: »Haben Sie jemals, als Sie ihres Erachtens völlig wach waren, den Eindruck gehabt, ein lebendiges Wesen zu sehen oder von ihm oder einem unbelebten Gegenstand berührt zu werden oder eine Stimme zu hören; ein Eindruck, der, soweit Sie feststellen konnten, auf keine äußere physische Ursache zurückzuführen war?«

Ein Ja auf diese Frage führte zu einem persönlichen Interview, das von einem der 410 freiwilligen Mitarbeiter dieser Studie durchgeführt wurde. Über 2000 Menschen bejahten die Frage. Nachdem die Fälle, in denen es sich offensichtlich um Träume oder ein Delirium handelte, ausgesiebt waren, blieben 1684 Personen übrig, die tatsächlich eine Erscheinung gehabt hatten.

Ihren Berichten nach waren es freundliche und kurze Begegnungen, die meist nicht einmal eine Minute dauerten. Viele dieser Erscheinungen wurden in einem spiegelähnlichen Medium gesehen. Hier das Beispiel von einer »Mrs. W.« aus dem Jahr 1885. Sie berichtet, daß sich die obere Hälfte eines Mannes »mit sehr blassem Gesicht, dunklem Haar und Schnurrbart« in einem Fenster widerspiegelte.

»Eines Abends gegen halb acht ging ich zufällig in den Salon, um etwas aus dem Schrank zu holen. Als ich mich umwandte, sah ich das gleiche Gesicht im Erkerfenster, hinter dem die Läden geschlossen waren. Wieder sah ich nur die obere Hälfte der Gestalt, die irgendwie eine etwas geduckte Haltung einzunehmen schien. Diesmal kam das Licht aus dem Flur und Eßzimmer und schien nicht direkt auf das Fenster; aber ich konnte sehr wohl das Gesicht und die Augen erkennen... In jedem dieser Fälle war ich zwei Meter fünfzig bis drei Meter von der Gestalt entfernt.«

Die Menschen, die diese Fälle sammelten, konnten sich die Begebenheiten nicht erklären, doch sie hatten einige Theorien. Eine besagte, daß die verstorbene Person an einem bestimmten Ort etwas hinterlassen hatte und daß dies, was immer es auch war, auf irgendeine Weise mit den Lebenden kommunizierte. Eine andere Theorie ging davon aus, daß diese Erscheinungen Halluzinationen waren, Schöpfungen eines gesunden, lebhaften Geistes. Wie auch immer, die »Society for Psychical Research« kam zu dem Schluß, daß es keinen eindeutigen Beweis für eine »Einwirkung post mortem« gab.

Die Forscher behaupteten, sie hätten keine andere Wahl,

als diese Erscheinungen als »Halluzinationen« zu bezeichnen, da sie keine physischen Spuren hinterließen. Sie befaßten sich nicht mit der Möglichkeit, die Andrew Lang später ansprechen sollte: »[Einige] Halluzinationen treten zufällig und unbeabsichtigt auf«, schrieb er in *Dreams and Ghosts*. »Aber zwischen ihnen und den Träumen beim Schlafen gibt es noch eine Art von Halluzinationen im Wachzustand, die manche Menschen absichtlich herbeibeschwören können. Dazu gehören die bei der Kristallomantie auftretenden Visionen.«

Die visionäre Erfahrung

Der machtvolle und lebhafte Eindruck, den solche Erscheinungen hinterlassen, brachte mich auf den Gedanken, daß sie in die Kategorie jener paranormalen Erfahrungen passen, die man Visionen nennt. Ein Beispiel dafür ist die Vision des Heiligen Paulus, dem Christus auf der Straße nach Damaskus erschien, wie auch die Engelsstimmen, die Jeanne d'Arc hörte und die sie schließlich dazu brachten, die französische Armee anzuführen. Begebenheiten dieser Art werden spontane Visionen genannt, was heißt, daß die betreffenden Personen sie erleben, ohne sie bewußt herbeigeführt zu haben. Im einen Moment scheint alles normal zu sein, und im nächsten ereignet sich eine Vision.

Eine überraschende Anzahl spontaner Erscheinungen von Verstorbenen werden in Spiegeln oder anderen reflektierenden Flächen gesehen. Andere werden oft nachts oder gegen den Hintergrund einer weißen Wand gesichtet.

Zum Beispiel erzählte mir eine Frau, daß sie zu ihrer Überraschung ihre Großmutter aus einem Spiegel am Ende des Flurs heraustreten sah. Sie kam auf sie zu und verschwand dann durch die offene Tür eines der Zimmer. Eine andere Frau berichtete mir, daß sie einmal zufällig zum Kristallüster in ihrem Eßzimmer hinaufsah und dort in einem der Kristalle Menschen erblickte, die sich miteinander unterhielten.

Immer wieder hört man in der Geschichte von Visionen, die den unterschiedlichsten Menschen begegneten. So sah zum Beispiel Abraham Lincoln in einem Spiegel in seinem Heim in Springfield, Illinois, ein doppeltes Bild von sich selbst – die eine Gestalt lag auf einem Sofa, die andere sah gespenstisch und bleich aus wie ein Toter oder ein Sterbender.

Mich überrascht nicht, daß Präsident Lincoln Visionen hatte, sondern vielmehr die Tatsache, daß er bereit war, darüber zu sprechen. Die politische Karriere eines Präsidenten der Vereinigten Staaten stünde heute sicherlich auf dem Spiel, sollte er von einer solchen Erfahrung berichten, aber Lincoln redete ganz offen über seine Träume und Visionen.

Anatole France berichtet davon, daß seine Großtante eine Vision hatte: Sie sah in einem Spiegel, wie Robespierre starb, und zwar etwa zur gleichen Zeit, als dieser versuchte, sich durch einen Pistolenschuß zu töten und dabei seine Kinnlade zerschmetterte. In der Nacht des 27. Juli 1794 sah sie in einen Spiegel und rief: »Ich sehe ihn! Ich sehe ihn! Wie blaß er ist! Blut fließt aus seinem Mund! Seine Zähne und seine Kinnlade sind zerschmettert! Gott sei gelobt. Dieser blutdürstige Lump wird kein Blut mehr trinken außer seinem eigenen.« Dann stieß sie einen Schrei aus und wurde ohnmächtig.

Gelegentlich wurde auch von kollektiven Spiegelvisionen von Verstorbenen berichtet. Die besten Dokumentationen dieser Fälle kamen meist von Forschern, die sich mit paranormalen Phänomenen beschäftigten und penibel alle Fakten zusammentrugen.

Ein solcher Forscher war Sir Ernest Bennett, der erste Sekretär der »Society for Psychical Research« in England. Ihn faszinierte die unerklärliche Natur vieler paranormaler Phänomene, vor allem jener, die spontan auftraten. Er schrieb zahlreiche Artikel über das Paranormale für wissenschaftliche Zeitschriften und dokumentierte sorgfältig Fallbeispiele von paranormalen Ereignissen. Darunter fanden sich auch Fälle von kollektiven Visionen, das heißt, daß gleichzeitig mehr als eine Person eine Erscheinung derselben Person sieht. Hier nun eines seiner Fallbeispiele:

3. Dezember 1885

Am 5. April 1875 verstarb der Vater meiner Frau, Captain Towns, in seinem Haus Crankbrook in Rose Bay in der Nähe von Sydney, N. S. Wales.

Etwa sechs Wochen nach seinem Tod ging meine Frau so gegen neun Uhr abends in eines der Schlafzimmer im Haus. Sie wurde von einer jungen Dame, Miss Berthon, begleitet, und als sie das Zimmer betraten – das Gaslicht brannte die ganze Zeit – sahen sie zu ihrer Überraschung in der spiegelblank polierten Oberfläche des Schranks die Gestalt von Captain Towns. Das heißt, sie sahen den Kopf, die Schultern und einen Teil der Arme – das Ganze glich eher einem Bildnis, wie man es in einem Medaillon findet – doch in Lebensgröße. Das Gesicht erschien schmal und bleich, so wie es vor seinem Tod ausgesehen hatte; und er trug eine Art graue Flanelljacke, die er für gewöhnlich beim Schlafen angehabt hatte. Überrascht und etwas beunruhigt angesichts dieses Ereignisses, dachten die beiden zunächst, daß sein Porträt im Zimmer aufgehängt worden sei und sie nun eine Widerspiegelung sähen – aber da war kein Bild dieser Art.

Und während sie auf diese Erscheinung starrten und herumrätselten, betrat die Schwester meiner Frau, Miss Towns, das Zimmer. Bevor die beiden noch irgend etwas sagen konnten, rief sie sogleich aus:

»Guter Gott! Seht ihr Papa?« Eines der Dienstmädchen kam in diesem Moment zufällig die Treppe herunter. Sie wurde hereingerufen und gefragt, ob sie irgend etwas sehe, und sie antwortete: »Oh Miss! Der Herr!« Man schickte nach Graham, Captain Towns altem Leibdiener, der auch sofort ausrief: »Der Herr stehe uns bei! Mrs. Lett, das ist der Captain!« Der Butler wurde gerufen und dann Mrs. Crane, das Kindermädchen meiner Frau, und beide sagten, was sie sahen. Schließlich schickte man nach Mrs. Towns, und sie ging, als sie die Erscheinung sah, mit ausgestrecktem Arm auf den Schrank zu, so, als wolle sie ihren Mann berühren, und als sie dann über das Paneel strich, verschwand die Gestalt allmählich. Sie erschien nie wieder, obgleich das Zimmer noch lange Zeit danach ständig bewohnt war.

Durch die Vision verwandelt

Diese Aussage war von »C. E. W. Lett«, dem Schwiegersohn des Captains, unterzeichnet, und eidesstattliche Erklärungen anderer Zeugen waren ihr beigefügt.

In diesem speziellen Fall forschte Bennett nicht weiter nach, wie sich dieses Erlebnis auf die betreffenden Personen auswirkte, aber ich vermute, daß es eine starke Nachwirkung hatte. Viele Menschen, mit denen ich gearbeitet habe, sagten aus, daß diese Visionen ihren Kummer gelindert oder sogar aufgelöst hätten. In den Fällen, in denen ich Personen dabei half, eine Erscheinung zu sehen, wirkte sich dieses Ereignis vor allem heilend aus, und die Beziehung zu den betreffenden Verstorbenen verbesserte sich. Es ist keine erschreckende oder verstörende Erfahrung. Im Licht dieser Tatsachen finde ich es faszinierend, daß uns fast alle Filme und Bücher gelehrt haben, Geister oder Gespenster zu fürchten. Seit den frühen Tagen der Menschheit handeln Gespenstergeschichten von angsteinflößenden Geistern, die von den Toten zurückkehren, um die Lebenden zu »fassen zu kriegen«, aber die Realität sieht ganz anders aus. Spezialisten, die diese Phänomene erforschen, haben festgestellt, daß es keine schrecklichen Erlebnisse sind. Rätselhaft und verwirrend, ja, aber der Mensch, der einen Geist sieht, wird nicht wahnsinnig vor Angst. Folgendes ist ein typisches Beispiel für eine spontane Spiegelvision, die sich ereignete, als eine Witwe zufällig in das spiegelnde Fenster ihres Hotelzimmers blickte. Draußen war es dunkel, und das Glas reflektierte das schwache Lampenlicht im Inneren des Zimmers und schuf so eine klare Tiefe in der glänzenden Oberfläche.

»Dies passierte, kurz nachdem mein Mann durch einen Autounfall ums Leben gekommen war. Es war früher Morgen, und ich lag im Bett und starrte aufs Fenster. Es war noch dunkel, und draußen war nichts zu erkennen. Das Fenster bildete eine Art schwarzes Quadrat. Ich kann mich nicht entsinnen, an irgend etwas Bestimmtes gedacht zu haben, ich blickte nur einfach aufs Fenster.

Plötzlich konnte ich einen Mann auf mich zurennen sehen. Er hatte eine Badehose an, und sein Haar war naß, so, als käme er gerade vom Strand. Ich wurde ganz aufgeregt, denn ich erkannte in ihm meinen verstorbenen Mann! Er rannte zu mir hin und lächelte. Ich konnte ihn riechen und ich weiß, daß ich sein nasses Haar hätte befühlen können, wenn ich die Hand ausgestreckt hätte.

»Alles ist hier in Ordnung«, sagte er. Er lächelte und war glücklich, und das machte mich glücklich. Diese Erfahrung half mir, meinen Kummer zu überwinden, denn ich hatte mir immer Sorgen um den Schmerz gemacht, den er empfunden haben mußte, als der Wagen verunglückte.

In diesem Fall war es der Frau vergönnt, »den Kreis zu schließen«, indem sie sah, daß ihr Mann in seinem Leben nach dem Tod nicht zu leiden hatte. Das Erlebnis hatte eine positive Auswirkung auf sie, weil es ihr half, ihren Kummer zu bewältigen. Die Annahme ist nur vernünftig, daß eine bewußt herbeigeführte Vision möglicherweise noch positivere Auswirkungen haben könnte.

Das natürliche Glied in der Kette

Es gibt viele Arten von Visionen und viele Methoden, sie zu befördern, und doch gehören Visionen nach wie vor zu den außerordentlichsten Phänomenen des menschlichen Geistes. Ein noch seltsameres Phänomen ist allerdings die Tatsache, daß Psychologen sie so selten untersuchen.

Viele von uns wuchsen in einer Atmosphäre auf, die mit Geschichten von biblischen Visionen aufgeladen war. Wer von uns, die wir mit der Bibel vertraut sind, hat nicht über Ezechiels Rad im Rad, über Jakobs Himmelsleiter oder das Buch der Offenbarung gestaunt? Kein Wunder, daß viele von uns diese Visionäre aus alter Zeit für ungewöhnliche Persönlichkeiten hielten, die die seltene und geheimnisvolle Gabe der Kommunikation mit dem Göttlichen besaßen.

Heutzutage neigen viele Menschen dazu, Visionen für ein pathologisches Phänomen zu halten. Sie nehmen an, daß Personen, die behaupten, Visionen zu haben, schizophren, delirös oder sogar Soziopathen sind – eine Meinung, die sich derzeit etwas wandelt, da eine wachsende Anzahl von demographischen Untersuchungen erweist, daß visionäre Erfahrungen in der normalen Bevölkerung allgemein verbreitet sind. Heerscharen von Menschen haben schon immer Visionen gehabt. Sie haben nur gezögert, darüber zu sprechen, aus Angst, für verrückt gehalten zu werden.

Da Erscheinungen von Verstorbenen eine Form von visionärer Erfahrung darstellen, müssen wir uns ein paar der üblicherweise auftretenden Visionsformen ansehen, vor allem jene, die durch uns bekannte Methoden herbeigeführt werden können. Das engt das Feld auf vier Variationen ein: Pareidolie, Trauminkubation, hypnagoge Halluzinationen/Bilder und Kristallvisionen.

Pareidolie – umwölkte Visionen

Wir alle haben schon Gesichter in den Wolken gesehen, und dies ist ein Beispiel für eine als Pareidolie bekannte visuelle Illusion. Sie wird deshalb zu den Illusionen gezählt, weil ein erkennbarer äußerer Stimulus – die Wolke – vorhanden ist, dem eine Interpretation hinzugefügt wird, die dann zu einem bedeutungsvollen Bild am Himmel führt.

Wenn ich zu den Wolken hinaufschaue und dort die Gestalt George Washingtons ausmachte, würde eine neben mir stehende Person sehr wahrscheinlich das gleiche Bild sehen. Zu den spezifischen Merkmalen der Pareidolie gehört es, daß sich diese Illusionen, wenn wir sie betrachten, nicht verflüchtigen.

Da diese speziellen Illusionen durch einen äußeren Stimulus bewirkt werden, können auch andere darauf hingewiesen werden. Und so mag es in einer Gruppe von Menschen zu einer Verständigung darüber kommen, was diese Bilder darstellen. Das erklärt einige Fälle von kollektiven Illusionen, bei denen eine große Anzahl von Menschen plötzlich das Antlitz Christi an der Wand einer Kirche oder die Jungfrau Maria an einem riesigen Öltank erblickt. Wenn eine Person das Antlitz Christi – oder irgendein anderes Gesicht – in irgendeinem Muster erkennen kann, können andere es auch sehen.

Wird dieses Bild erst einmal gesehen, so ist es fast unmöglich, die Menschen davon zu überzeugen, daß dieses Muster schon die ganze Zeit vorhanden war. Vom Standpunkt derjenigen aus, die mit der betreffenden Örtlichkeit vertraut sind, scheint sich diese Erscheinung plötzlich aus dem Nichts materialisiert zu haben. »Ich bin in den letzten zwanzig Jahren jeden Tag an diesem Tank vorbeigefahren«, mag dann jemand sagen. »Wenn die Jungfrau Maria da schon vorher sichtbar gewesen wäre, hätte ich sie gesehen. Ich weiß, daß das erst jetzt passiert ist!«

Spricht sich dann die Kunde von der Manifestation herum, strömen oft die Pilger von überall herbei. Und die Besucher legen im allgemeinen ein ehrfurchtsvolles Benehmen an den Tag, gleich ob sie an diese Erscheinung glauben oder nicht. Vielleicht halten sich die Skeptiker auch nur mit ihren Äußerungen zurück.

Solche Projektionen sind nicht allein auf den religiösen Bereich beschränkt. Einige Gebiete in der ägyptischen Wüste sind von Natriumablagerungen und versteinerter Vegetation bedeckt, die den Eindruck eines Waldes aus Stein erwecken. Reisende berichten, daß sie die Überreste mumifizierter Riesen oder großer Segelschiffe in diesen Formationen entdeckt hätten.

Die Pareidolie liegt auch verschiedenen Formen der Weissagung zugrunde. Die Kahunas auf Hawaii stellten sich gelegentlich selbst Fragen und blickten dann hinauf zu den Wolken, um in den Mustern, die sie dort sahen, die gesuchte Antwort zu finden. Die gleiche Funktion erfüllt der Rauch bei einer Methode der Weissagung, die noch immer bei einigen Eingeborenenvölkern Zentralamerikas praktiziert wird. Im mittelalterlichen Europa wurden diese Praktiken gemeinhin von älteren Frauen und Jungfrauen durchgeführt. Auch die

Prophezeiung aus dem Lesen von Teeblättern hängt davon ab, daß die Seherin oder der Seher bedeutungsvolle Bilder darin erkennen kann.

Von Zeit zu Zeit stellte die Pareidolie auch die Grundlage für Erscheinungen von geliebten verstorbenen Menschen dar. Nehmen wir zum Beispiel das Erlebnis von General George Patton, der auf dem Schlachtfeld in Frankreich eine erstaunliche Vision von einigen seiner Vorfahren hatte. Die folgende Episode findet sich in *Before the Colors Fade,* seinen Memoiren, die von seinem Neffen Fred Ayer, Jr., niedergeschrieben wurden:

»Ich bin sicher, daß deine Vorfahren immer bei dir sind. Sie beobachten dich. Sie erwarten eine ganze Menge von dir.«

»Wie meinst du das?« fragte ich.

»Nun ja, das ist etwas, das du eben weißt oder nicht weißt. Aber manchmal kannst du es sogar sehen. In Frankreich saßen wir einmal fest, wir standen unter starkem Beschuß von den Deutschen, vor allem schweres Maschinengewehrfeuer. Ich lag flach auf dem Bauch, hatte eine Todesangst und wagte kaum, den Kopf zu heben. Aber schließlich tat ich es doch und blickte hinauf zu einer Wolkenbank, die in der bald untergehenden Sonne rötlich aufglühte. Und da sah ich so deutlich, wie du jetzt vor mir sitzt, ihre Köpfe – die Köpfe meines Großvaters und seiner Brüder. Ihr Mund bewegte sich nicht; sie sagten nichts zu mir. Aber sie sahen zu, sie sahen nicht gerade verärgert, aber unglücklich und verdrießlich zu. Ich konnte in ihren Augen lesen, und sie sagten mir: ›Georgie, Georgie, du enttäuschst uns – wie du da unten auf dem Bauch liegst! Denk daran, daß viele Pattons getötet wurden, aber noch nie hat es einen Feigling in der Familie gegeben.‹

Also stand ich auf, zog die Waffe und gab Befehle. Und beim letzten Befehl waren Colonel George und die anderen immer noch da, aber sie lächelten. Natürlich haben wir diese Schlacht gewonnen.«

Und da wir schon einmal bei General George Patton sind, gewiß einer der respektiertesten und erfolgreichsten Generäle der amerikanischen Militärgeschichte, soll auch der interessante Punkt erwähnt werden, daß er fest an die Existenz von Geistern glaubte. Dieser Glaube gründete sich unter anderem auf die häufigen Besuche seines verstorbenen Vaters auf dem Schlachtfeld. So erzählte er Ayer: »Vater pflegte am Abend zu mir ins Zelt zu kommen und sich hinzusetzen, um mit mir zu reden und mir zu versichern, daß ich die Sache gut machen und mich in der Schlacht am nächsten Tag tapfer halten würde. Es war genauso real, als säße er in seinem Arbeitszimmer zu Hause in Lake Vineyard.«

Heilung durch Trauminkubation

Wir alle kennen den Caduceus, das geheimnisvolle Emblem des medizinischen Berufsstands. Von den Türen der Ambulanzen, von Klinikwänden und Schildern ärztlicher Praxen starren uns zwei ineinander verschlungene und um einen geflügelten Stab geringelte Schlangen an. Aber nur wenige von uns kennen die Bedeutung dieses Symbols. Um diese zu erfahren, müssen wir uns ins alte Griechenland zu den Tempeln und Heilstätten des Äskulap begeben.

Äskulap war einst ein hochverehrter Arzt, der nach seinem Tod in den Heiligenstand erhoben wurde. Zu seinen Ehren wurden überall in seiner Heimat heilige Stätten errichtet; alles in allem an die dreihundert, wobei die bekannteste in Epidauros gelegen war – eine Art Mayo-Klinik für die Trauminkubation oder den Tempelschlaf.

In diesen Tempeln wurden zu Heilzwecken phantastische visionäre Erfahrungen herbeibeschworen. Hatte jemand eine Krankheit, die kein Heiler zu heilen vermochte, oder eine ganz und gar unerträgliche Krankheit, so machte man sich auf die Reise zu einem der Tempel des Äskulap. Dort sollten die Kranken dann Träume oder Visionen haben, die sie hoffentlich von ihrem Leiden befreien würden. Hatten sie Glück, konnten sie sogar den legendären Arzt persönlich konsultieren.

Das Hauptheilzentrum in Epidauros war ausreichend ausgestattet, um die ständigen Menschenmassen, die auf ihren Termin warteten, beherbergen und verköstigen zu können. Mittelpunkt der gesamten Anlage war ein großes, von einem Hof umgebenes Gebäude, das Abaton genannt wurde. War die Zeit gekommen, betraten die Pilger den Hof und schliefen dort, bis sie einen ganz bestimmten Traum hatten. In diesem Traum erschien ihnen Äskulap, in einen Pelzmantel gehüllt und den Caduceus in der Hand, und lud sie ins Abaton ein.

Danach konnten sich die Patienten in den Tempel begeben, eine riesige Halle, angefüllt mit schmalen Betten, *klinis* genannt. Diese Betten sahen aus wie eine viktorianische Liege, das eine Ende war um etwa 45 Grad angehoben, so daß Kopf und Oberkörper etwas höher als Hüfte und Beine lagen. Von diesen *klinis* leitet sich unser heutiges Wort Klinik ab.

Man glaubte, daß Äskulap höchstpersönlich nachts ins Abaton kam. Hier ließ er den Menschen zärtliche Anteilnahme und heilende Kräfte zukommen, und wahrscheinlich trug er dabei einen Pelzmantel und den Caduceus. Es gibt viele überlieferte Fälle, in denen seine Verordnungen und Heilmethoden zu dramatischen Erfolgen führten.

Dankbare Patienten bezahlten Steinmetze dafür, daß sie die Einzelheiten ihrer Krankheit, ihrer Visionen und ihrer Heilung in Säulen meißelten, damit andere von diesen Wundern erfahren konnten. Und noch heute, nach zweitausend

Jahren, bieten diese noch erhaltenen klinischen Fallstudien eine faszinierende Lektüre:

Ein Mann, dessen Finger bis auf einen alle gelähmt waren, kam als Bittsteller zum Gott. Er betrachtete die Tafeln im Tempel, äußerte sich ungläubig über die Heilerfolge und spottete über die Inschriften. Aber im Schlaf hatte er eine Vision. Ihm war, als wäre er unterhalb des Tempels beim Würfelspiel, und als er gerade die Würfel werfen wollte, erschien der Gott, sprang auf seine Hand und streckte die Finger (des Patienten) gerade. Als der Gott beiseite trat, war es ihm (dem Patienten) so, als bewege er seine Hand und strecke einen Finger nach dem anderen aus. Als er sie alle gestreckt hatte, fragte ihn der Gott, ob er den Inschriften auf den Tafeln im Tempel immer noch keinen Glauben schenken wollte. Er antwortete, dem sei nicht mehr so. Da sagte der Gott: »Da du vormals nicht an die Heilungen glauben wolltest, diese aber nicht unglaublich waren, soll in Zukunft dein Name ›Ungläubiger‹ sein.« Und als der Tag dämmerte, ging er gesund davon.

Ambrosia aus Athen, auf einem Auge blind. Sie kam als Bittstellerin zum Gott. Sie ging im Tempel umher und lachte über einige der Heilungen, die sie unglaublich und unmöglich fand, so etwa, daß Lahme und Blinde allein durch das Sehen eines Traums geheilt worden sein sollten. Im Schlaf hatte sie eine Vision. Ihr schien, daß der Gott neben ihr stand und zu ihr sagte, daß er sie heilen werde, daß sie aber als Gegenleistung dem Tempel ein Schwein aus Silber stiften solle – als Mahnmal ihrer Dummheit. Danach machte er einen Schnitt in den erkrankten Augapfel und träufelte eine Arznei hinein. Als der Tag kam, ging sie gesund davon.

Ein Mann träumte, daß ihm Äskulap ein Schwert in den Bauch stieß und daß er starb; dieser Mann wurde durch einen Schnitt von seinem Abszeß geheilt, der sich in seinem Bauch gebildet hatte.

Pandaros aus Thessalien hatte ein Mal auf der Stirn. Als er schlief, hatte er eine Vision. Ihm schien, daß der Gott das Mal mit einem Stirnband umwickelte und ihn anwies, das Band, wenn er das Abaton verließ, zu entfernen und es als Opfergabe dem Tempel zu widmen. Als der Tag kam, stand er auf, nahm das Band ab und sah, daß er kein Mal mehr auf der Stirn hatte. Und er widmete das Band mit dem Zeichen des Mals, das er auf der Stirn gehabt hatte, dem Tempel.

Die Trauminkubation war keinesfalls auf das alte Griechenland beschränkt. Sie ist uns aus vielen Kulturen überall auf der Welt überliefert, so auch aus dem alten Ägypten, aus Mesopotamien, Kanaan und Israel. Das deutlichste biblische Beispiel liefert uns hier Salomos Traum auf der Kulthöhe Gibeon, wohin dieser sich begeben hatte, um Brandopfer darzubringen. (1 Könige 3, 2–15) »In Gibeon erschien der Herr dem Salomo nachts im Traum« und fragte ihn, was er ihm gewähren solle. Und Salomo bat ihn:

»Verleih daher deinem Knecht ein hörendes Herz, damit er dein Volk zu regieren und das Gute vom Bösen zu unterscheiden versteht. Wer könnte sonst dieses mächtige Volk regieren?«

Diese Traumbegegnung mit Gott bewirkte die Weisheit Salomos, die ganz Israel regierte.

In Japan war der Ritus der Trauminkubation sehr wichtig und blieb bis weit ins fünfzehnte Jahrhundert erhalten. Pilger, die von einem unlösbaren Problem gequält wurden, reisten zu einer heiligen Stätte in der Hoffnung, dort von einer Gottheit einen Traum gewährt zu bekommen, der ihnen eine Lösung für ihr Problem aufzeigte.

Viele Berichte darüber sind noch erhalten und erweisen sich der Form nach als identisch mit jenen aus Griechenland.

Wesenheiten erscheinen in den Visionen der Bittsteller und nehmen Heilungen vor, die, wie auch in den Abatons, eine Art Traumchirurgie beinhalten können.

Dieser Ritus reicht bis in eine Zeit des vierten und fünften Jahrhunderts in Japan zurück, als nur dem Kaiser eine derartige Verbindung mit anderen Dimensionen vorbehalten und die Inkubation ein wichtiger Aspekt seiner spirituellen Verpflichtungen war. Sein Palast war mit einer Inkubationshalle und einem besonderen Bett, dem *kamudoko,* ausgestattet.

Selbst noch bis vor kurzem gehörte ein Bett, *shinza* genannt, das in seiner Form mit dem *klini* des Äskulap identisch war, bei der Weihungszeremonie eines neuen Kaisers dazu. Der Kaiser benutzte das Bett während des Rituals nicht, und so vergaß man seine ursprüngliche Bedeutung. Doch zweifellos diente es in alten Zeiten dem Zweck der Inkubation.

Verfechter der modernen Tiefenpsychologie werden einwenden, daß diese Visionen Episoden der inneren Kommunikation mit dem höheren Selbst der jeweiligen Personen darstellen, aber es ist unmöglich, die vielen Rätsel der Trauminkubation zur Gänze zu ergründen und zu verstehen.

Die Visionssuchenden selbst trennen scharf zwischen diesen Visionen und gewöhnlichen Träumen. Tatsächlich wird in vielen Berichten aus dem alten Griechenland darauf bestanden, daß sich diese Visionen in einem Zustand zwischen Schlafen und Wachen ereigneten. Das bringt uns zu einem weiteren faszinierenden visionären Zustand, in den eine Person absichtlich eintreten kann.

Die Realität des hypnagogen Schlafs

Der hypnagoge Schlaf wird gemeinhin als ein »Zwischenzustand« betrachtet, ein Zustand zwischen normalem Wachbewußtsein und Schlaf, in dem der Mensch sieht, was ihm sein Unbewußtes auftischt. Manchmal sind es vielleicht nur leuchtende Farbblitze oder lebhafte, traumartige Sequenzen. Zuweilen aber haben diese überdeutlichen Bilder eine sehr tiefe Bedeutung.

Ein Mensch kann sich auch in diesem Zustand befinden, während er herumläuft und seinen üblichen Tätigkeiten nachgeht. Mit den sogenannten hypnagogen Halluzinationen wurde das Sehen von »kleinen Leuten« oder »Feen« erklärt und auch so bizarre Phänomene wie das des »verschwindenden Menschen«: jemand sieht auf einer nächtlichen Straße eine Person auf sich zukommen, die sich dann plötzlich in Luft auflöst.

Der berühmte englische Schriftsteller Charles Dickens berichtete einem Freund von einem solchen Erlebnis. Eines Nachts wanderte er eine Londoner Straße entlang, als er plötzlich ein Pferd hinter sich hörte. Er drehte sich um und sah einen Mann, der versuchte, sein scheuendes Pferd unter Kontrolle zu bekommen. Dickens flüchtete sich in einen Hauseingang, um dem Pferd Platz zu machen. Als er wieder hinsah, waren Pferd und Reiter verschwunden. Niemand war zu sehen.

Viele ganz normale Menschen empfangen kurz vor dem Einschlafen sehr lebhafte Eindrücke. Manchmal handelt es sich einfach um farbenprächtige Bilder, manchmal auch um eine Abfolge surrealistisch verzerrter Ereignisse.

So manche schöpferische Genies haben sich zur Lösung von Problemen dieser Zustände bedient. So wandte etwa

Thomas Edison diese Technik an und machte, wenn er nach Lösungen suchte, häufig ein Nickerchen in seinem Büro.

Dabei hat man mit dem Problem zu kämpfen, daß man aus diesem Zustand sehr leicht in den Schlaf hinübergleitet und dann die Bilder, die man gesehen hat, vergißt. Deshalb döste er mit einer kleinen Stahlkugel in jeder Hand und stellte links und rechts von seinem Stuhl eine Pfanne auf den Boden. Sobald er in einen Zustand der Unbewußtheit rutschte, fielen die Kugeln aus seiner Hand und mit lautem Getöse gegen die Pfannen. Dann wachte er sofort auf und hatte die Bilder noch im Gedächtnis.

Meine eigene Erfahrung mit der Kristallomantie

Nachdem ich eine Reihe von Kristallomantie-Sitzungen durchgeführt hatte, während derer Erscheinungen heraufbeschworen wurden, beschloß ich, es selbst einmal zu versuchen. Das Resultat war eine persönliche Begegnung, die meine Lebensperspektive total veränderte.

Zunächst bedeutete diese Entscheidung ein gewisses Dilemma für mich. Ich war mir nicht ganz sicher, ob ich bei diesem Projekt selbst als Versuchskaninchen fungieren sollte, weil ich dann möglicherweise Gefahr lief, mein Maß an Objektivität zu verlieren. Wenn ich meine Rolle allein auf die des Forschers beschränkte, so sagte ich mir, konnte ich die Berichte der »Forschungsobjekte« von einem neutraleren Boden aus beurteilen.

Andererseits war die Versuchung, die Sache selbst auszuprobieren, sehr stark, weil mich alles, was mit dem Bewußtsein zusammenhängt, schon seit meiner Kindheit fasziniert, und weil ich schon immer einmal wissen wollte, wie es ist, wenn man eine Geisterscheinung sieht.

Nachdem ich mir ein paar der Berichte meiner Versuchspersonen angehört hatte, erlag ich der Versuchung und machte mich daran, selbst einen Ausflug ins Mittelreich zu unternehmen.

Das verwirrendste an diesen Begebenheiten war die Tatsache, daß sich meine Versuchspersonen sicher waren, reale Wiederbegegnungen und keine Phantasien erlebt zu haben. Dies war deshalb so verblüffend, weil ich ganz bewußt besonders stark geerdete und vernünftige Menschen als Versuchspersonen ausgewählt hatte. Ich ging davon aus, daß jede von ihnen imstande war, sicher zu beurteilen, ob es sich um eine reale Begegnung handelte oder nicht. Und ich hatte erwartet, daß sie mir berichten würden, ihre Vision gliche der Art von Bildern, wie sie sie in Träumen hatten. Doch das Gegenteil war der Fall. Eine Versuchsperson nach der anderen bestand nach der visionären Begegnung darauf, daß sie sich tatsächlich in der Gegenwart ihres verstorbenen Verwandten befunden hatte. »Ich weiß, es war meine Mutter«, sagte eine der Versuchspersonen. Und praktisch alle beschrieben ihre Erfahrung als »wirklicher als wirklich.«

Ich war davon überzeugt, daß – sollte ich überhaupt eine Vision haben – meine Erfahrung anders ausfallen würde. Sollte ich so etwas erleben, dachte ich, so würde ich mich keinesfalls zum Narren halten lassen und glauben, es sei Wirklichkeit.

Ich wählte meine Großmutter mütterlicherseits als die Person aus, die zu sehen ich versuchen wollte. Ich wurde während des Zweiten Weltkriegs geboren, und mein Vater wurde am Tag meiner Geburt nach Übersee geschickt. Er kam achtzehn Monate lang nicht zurück, und während dieser Zeit übernahm die Mutter meiner Mutter einen Großteil der elterlichen Pflichten. Sie machte ihre Sache wunderbar, und sie spielte als liebevolle, weise und verständnisvolle Person immer eine große Rolle in meinem Leben. In den Jahren seit ihrem Tod habe ich sie oft vermißt und wollte sie mit Freuden wieder besuchen, gleich in welcher Gestalt sie auftreten mochte.

So verbrachte ich eines Tages viele Stunden damit, mich auf eine visionäre Wiederbegegnung mit ihr vorzubereiten. Ich rief mir Dutzende von Erinnerungen wieder ins Gedächtnis, sah mir Fotos von ihr an und beschwor das tiefe Gefühl ihrer zärtlichen Güte in mir herauf.

Dann begab ich mich an einen Ort, den ich die Erscheinungskabine nannte, und starrte in ihrem dämmrigen Licht in einen großen Spiegel, der so angebracht war, daß der Eindruck entstand, in einen klaren, dreidimensionalen, tiefen Raum zu blicken. Das machte ich wenigstens eine Stunde lang, konnte aber auch nicht den leisesten Anflug ihrer Gegenwart spüren. Schließlich gab ich auf in der Annahme, daß ich gegen visionäre Wiederbegegnungen irgendwie immun war.

Dann, als ich mich von dieser Erfahrung erholte, hatte ich eine Begegnung, die zu den Ereignissen gehört, die mein Leben in andere Bahnen gelenkt haben. Was damals geschah, veränderte meine Vorstellung von Realität fast völlig. Ich verstehe nun die Gefühle, die viele Menschen zum Ausdruck bringen, nachdem sie eine solche Erfahrung gemacht haben; ich verstehe, wenn sie sagen, daß sie sich danach fühlen, als seien sie nicht mehr dieselbe Person.

Diese Erfahrungen haben etwas Unbeschreibliches an sich, was heißt, daß sie sich kaum oder unmöglich in Worte fassen lassen. Und dennoch möchte ich versuchen, mein persönliches Erlebnis zu beschreiben, da ich es wichtig finde, Ihnen einen Bericht aus erster Hand zu übermitteln.

Ich saß allein in einem Zimmer, als eine Frau einfach so hereinkam. Sobald ich sie sah, hatte ich das bestimmte Gefühl, daß sie mir vertraut war, aber das Ganze geschah so schnell, daß ich ein paar Augenblicke brauchte, um mich zu sammeln und sie höflich zu begrüßen. Doch es dauerte keine Minute, bis mir klarwurde, daß es sich bei dieser Person um meine Großmutter *väterlicherseits* handelte, die vor einigen Jahren gestorben war. Ich erinnere mich, daß ich meine Hände hob und ausrief »Großmama!«

Jetzt blickte ich ihr direkt in die Augen, von Ehrfurcht erfüllt über das, was ich sah. Auf sehr freundliche und liebevolle Weise bestätigte sie mir, daß sie es war, und sprach mich mit einem Kosenamen an, den nur sie in meiner Kindheit für mich gebraucht hatte. Sobald ich erkannte, wer sie war, kehrte eine Flut von Erinnerungen in mein Gedächtnis zurück. Nicht alle waren angenehm. Manche waren sogar ausgesprochen unangenehm. Mochten meine Erinnerungen an meine Großmutter mütterlicherseits durchwegs positiv sein – bei der Mutter meines Vaters sah die Sache ganz anders aus.

So erinnerte ich mich unter anderem an ihre ärgerliche Angewohnheit zu verkünden: »Dies ist mein letztes Weihnachtsfest!« Und das tat sie in den letzten zwei Jahrzehnten ihres Lebens jede Weihnachten.

Als ich jung war, hatte sie mich auch ständig gewarnt, daß ich in die Hölle kommen würde, wenn ich eines von Gottes vielen einschränkenden Geboten verletzte – wobei es sich natürlich um ihre Interpretation dieser Gebote handelte. Einmal hatte sie meinen Mund mit Seife ausgewaschen, weil ich ein Wort geäußert hatte, das ihr mißfiel. Ein andermal erklärte sie mir, als ich noch ein Kind war, allen Ernstes, daß das Fliegen in einem Flugzeug Sünde sei. Sie war schrecklich launisch und negativ eingestellt.

Doch als ich nun in ihre Augen sah, spürte ich sehr rasch, daß diese Frau, die da vor mir stand, auf äußerst positive Weise verwandelt war. Ich fühlte, daß sie Wärme und Liebe ausstrahlte und ein Mitgefühl, das mein Verständnisvermögen überstieg. Sie war zuversichtlich und humorvoll, und es umgab sie eine Atmosphäre von ruhiger Gelassenheit und Freude.

Ich hatte sie nicht gleich erkannt, weil sie sehr viel jünger erschien, als sie es zum Zeitpunkt ihres Todes gewesen war, ja sogar jünger als zur Zeit meiner Geburt. Ich kann mich nicht entsinnen, überhaupt Fotos von ihr in dem Alter gesehen zu haben, in dem sie mir jetzt bei dieser Begegnung erschien. Doch das ist hier unwesentlich, denn ich erkannte sie nicht nur allein an ihrer physischen Erscheinung. Ich erkannte sie an ihrer unmißverständlichen Präsenz und an den vielen Erinnerungen, die wir zurückholten und besprachen. Kurzum, diese Frau war meine Großmutter. Ich hätte sie überall erkannt.

Ich möchte betonen, daß diese Begegnung etwas völlig Normales war. Wie auch bei den anderen Versuchspersonen hatte dieses Treffen nichts Unheimliches oder Bizarres an sich. Tatsächlich war es der normalste und befriedigendste Austausch, den ich jemals mit ihr hatte.

Unser Treffen konzentrierte sich ausschließlich auf unsere Beziehung. Die ganze Zeit über war ich erstaunt und überrascht, daß ich mich anscheinend in Gegenwart einer Person befand, die sich bereits aus dieser Welt verabschiedet hatte, aber das beeinträchtigte unser Gespräch in keiner Weise. Da stand sie vor mir, und so erstaunlich diese Tatsache auch war, ich akzeptierte sie und fuhr fort, mich mit ihr zu unterhalten.

Wir sprachen über alte Zeiten, spezielle Ereignisse aus meiner Kindheit. Und sie erinnerte mich immer wieder an verschiedene Begebenheiten, die ich bereits vergessen hatte. Sie enthüllte mir auch etwas sehr Persönliches über unsere Familiensituation, das mich sehr überraschte, aber im Rückblick doch außerordentlich plausibel klingt. Da die betreffenden Personen noch am Leben sind, möchte ich diese Information nicht preisgeben. Doch möchte ich sagen, daß ihre Enthüllung von entscheidender Bedeutung für mein Leben war und daß ich mich sehr viel besser fühle, seit ich dies von ihr gehört habe.

Ich meine »gehört« in fast buchstäblichem Sinne. Ich hörte sie klar und deutlich, nur daß da etwas Frisches, Elektrisierendes in ihrer Stimme war, das sie klarer und lauter erscheinen ließ als etwa damals vor ihrem Tod. Andere, die eine solche Erfahrung machten, sprechen von einer telepathischen Verständigung oder Kommunikation von »Geist zu Geist.« Meine Erfahrung war ähnlich. Und obwohl der größte Teil der Unterhaltung über das gesprochene Wort geführt wurde, war ich mir doch ab und zu sofort ihrer Gedanken bewußt, und umgekehrt sie sich der meinen, wie ich spürte.

Sie hatte während dieser Begegnung nichts »Gespenstisches« oder Transparentes an sich. Sie schien in jeder Hinsicht aus Fleisch und Blut zu sein. Sie sah nicht anders aus als irgendeine andere Person, außer daß sie von so etwas wie Licht oder einer Vertiefung im Raum umgeben zu sein schien, so als sei sie etwas abgesondert oder abgehoben vom Rest ihrer physischen Umgebung.

Aus irgendeinem Grund ließ sie es aber nicht zu, daß ich sie berührte. Zwei- oder dreimal wollte ich sie umarmen, aber jedesmal hob sie nachdrücklich und abwehrend die Hand. Sie beharrte so sehr darauf, nicht berührt zu werden, daß ich die Sache sein ließ.

Ich habe keine Ahnung, wie lange unsere Begegnung der Uhrzeit nach dauerte. Mir schien es gewiß eine lange Zeit zu sein, aber ich war so in dieser Erfahrung gefangen, daß ich nicht auf die Uhr schaute. Im Kontext der Gedanken und Gefühle, die zwischen uns ausgetauscht wurden, schienen Stunden vergangen zu sein, aber wahrscheinlich währte es im Rahmen dessen, was wir »reale« Zeit nennen, nicht ganz so lange.

Und wie endete unsere Begegnung? Ich war so überwältigt, daß ich einfach »Lebewohl« sagte. Wir versicherten uns, daß wir uns wiedersehen würden, und dann ging ich einfach aus dem Zimmer. Als ich zurückkam, war sie nirgendwo mehr zu sehen. Die Erscheinung meiner Großmutter war verschwunden.

An diesem Tag fand eine Heilung unserer Beziehung statt. Zum erstenmal in meinem Leben konnte ich ihren Humor wertschätzen und kann jetzt auch manche Kämpfe, die sie in ihrem Leben durchzustehen hatte, besser nachvollziehen. Nun liebe ich sie auf eine Weise, wie ich es vor dieser Erfahrung nicht getan hatte.

Und diese Begebenheit hinterließ in mir die bleibende Gewißheit, daß das, was wir den Tod nennen, nicht das Ende des Lebens darstellt.

Mir ist klar, warum viele Menschen davon ausgehen, daß es sich bei diesem Phänomen um Halluzinationen handelt. Als Veteran der Erfahrung mit veränderten Bewußtseinszuständen kann ich aber sagen, daß meine visionäre Wiederbegegnung mit meiner Großmutter ganz und gar mit der Alltagsrealität im Wachzustand, so wie ich sie mein ganzes Leben lang erlebte, kohärent war. Wenn ich diese Begegnung als Halluzination abtun sollte, wäre ich fast gezwungen, auch den Rest meines Lebens als Halluzination zu bezeichnen.

Die »Notwendigkeit des Wiedersehens« als Grundlage

Meine Begegnung hat klargemacht, warum bei solchen Unternehmungen nicht immer unbedingt die Person in Erscheinung tritt, die wir eigentlich sehen wollen. Auf der Grundlage meiner eigenen Erfahrung glaube ich, daß die Versuchspersonen jene Menschen sehen, bei denen die Notwendigkeit einer Begegnung besteht.

In meinem Fall war in der Beziehung zwischen meiner Großmutter mütterlicherseits und mir alles in Ordnung, wohingegen dies bei der Beziehung mit meiner Großmutter väterlicherseits durchaus nicht der Fall war. Ganz allgemein gesprochen, sind die Wiederbegegnungen mit Menschen, mit denen wir noch Schwierigkeiten haben, wohl nützlicher.

Bei vielen Personen fallen Wunsch und Notwendigkeit, eine bestimmte Person wiederzusehen, zusammen, und dann kommt die Wiederbegegnung auch wie geplant zustande; ist dies aber nicht der Fall, so hat möglicherweise der Aspekt der Notwendigkeit Vorrang.

Ein Detail meiner Erfahrung verlangt auch eine öffentliche Entschuldigung bei meiner alten Freundin Dr. Elisabeth Kübler-Ross. 1977 berichtete sie mir die Geschichte von ihrer eigenen Begegnung mit einer verstorbenen Bekannten. Wie ich mich entsinne, ging Elisabeth eines Tages einen Flur zu ihrem Büro entlang, als sie dort eine Frau stehen sah.

Die beiden begannen eine Unterhaltung, und Elisabeth führte die Frau in ihr Büro. Nach einer Weile beugte sich Elisabeth vor und sagte ziemlich überrascht: »Ich kenne Sie!« Sie hatte in der Frau eine »Mrs. Schwartz« erkannt, eine Patientin, der sie sehr nahegestanden hatte und die vor wenigen Monaten verstorben war. Mrs. Schwartz bestätigte ihre

Identität, und die beiden setzten ihr Gespräch noch einige Zeit lang fort.

Als mir Elisabeth diese Geschichte erzählte, protestierte ich lauthals. »Elisabeth, erzähl mir nicht so was!« sagte ich. »Wie kann es sein, daß du diese Frau nicht sofort wiedererkannt hast, wenn du sie so gut kanntest?«

Nach all den Jahren kann ich sagen, daß ich es jetzt begreife. Auf Grund meiner und der Erfahrung anderer vermag ich zu bestätigen, daß in diesen Fällen die Verstorbenen nicht das Aussehen haben wie vor ihrem Tod. Seltsamerweise – oder vielleicht auch nicht – wirken sie jünger und weniger gestreßt, sind aber durchaus wiederzuerkennen.

Die Resultate meiner eigenen Erfahrung und meiner früheren Experimente lassen meiner Meinung nach darauf schließen, daß die Kristallomantie ein natürliches Verbindungsglied zwischen spontanen und bewußt herbeigeführten Erscheinungen von Verstorbenen darstellt.

Weitere Nachforschungen haben mich davon überzeugt, daß diese Kunst in historischen Zeiten mit erstaunlichen Ergebnissen eingesetzt wurde. Und es sind diese historischen Begebenheiten, die mich dazu brachten, mich noch stärker mit diesem Thema zu befassen.

Die Unterdrückung der Kristallomantie

Je mehr ich mich mit der Kristallomantie beschäftigte, desto klarer wurde mir, daß sie im Lauf der Jahrhunderte einer solchen Flut von Bannflüchen und Diffamierungen ausgesetzt war, daß heute nur noch ein winziger Restbestand ihrer einst lebendigen gesellschaftlichen Realität übriggeblieben ist. Das Echo einer fernen Vergangenheit, als Aberglaube abgetan von jenen, die ihre Anziehungskraft und Macht nie zu verstehen suchten.

Die tragische Geschichte des Kenneth MacKenzie illustriert, was für ein undankbares Geschäft diese Kunst sein konnte. Er lebte im Schottland des fünften Jahrhunderts und war ein so berühmter Experte auf diesem Gebiet, daß ihn eine der vielen Königinnen anheuerte. Er sollte ihren Mann, der sich gerade auf dem europäischen Kontinent aufhielt, ausspionieren. MacKenzie blickte in seinen Spiegel und sah, wie der sich glücklich mit einer anderen Frau vergnügte.

Was er sah, stimmte, doch leider machte er den Fehler, es der Königin zu berichten. Sie wurde so wütend, daß sie ihn zum Tode verurteilte und kopfüber in ein Faß kochenden Teers werfen ließ.

Im Verlauf meiner Forschungsarbeit konnte ich wenigstens sieben Gründe feststellen, warum die Gesellschaft diese Kunst zu unterdrücken sucht. Im Folgenden will ich nun diese Gründe darlegen und genauer untersuchen, wobei auch nicht außer acht gelassen werden soll, ob sie in persönlicher und/oder kollektiver Hinsicht als vernünftig anzusehen sind.

Die Angst vor dem Unbewußten

Es gibt offensichtlich Dimensionen des Geistes, derer wir uns gewöhnlich nicht bewußt sind. Freud, Jung und andere Pioniere auf dem Gebiet der Psychologie haben eine ganze Reihe dieser Regionen kartographiert, ein Prozeß, der zweifellos ständig weitergeführt werden wird. Schließlich gibt es über den menschlichen Geist noch viel zu lernen.

Es ist uns allerdings bekannt, daß wir oft Angst bekommen, wenn ein unangenehmer Gedanke oder Impuls oder eine unangenehme Erinnerung aus dem Unbewußten ins Bewußtsein aufzusteigen droht. Freud nannte diese allgemeine Erfahrung das Angstsignal.

Einer der Gründe, warum die Kristallomantie für manche mit einem Tabu besetzt ist, ist die Angst, daß Inhalte aus dem Unbewußten ins Bewußtsein einbrechen könnten. Es steht zu befürchten, daß etwas Schreckliches passiert, wenn diese unbewußten Erinnerungen oder Gefühle ans Licht kommen. Manche haben auch Angst, von Emotionen überwältigt zu werden oder die Kontrolle über sich zu verlieren oder sich auf eine nicht wiedergutzumachende Weise in Verlegenheit zu bringen.

Es ist richtig, daß beim Prozeß der Kristallomantie Gedanken aus dem Unbewußten an die Oberfläche steigen, aber dies bedeutet unter keinen Umständen ein so schreckliches Ereignis, wie manche glauben. Gewöhnlich ist es ein wohltuender Vorgang, der zum persönlichen Wachstum und zur Weiterentwicklung beiträgt.

Und obwohl manche Menschen der Kristallomantie abwehrend gegenüberstehen, weil sie bedrohliche Gedanken oder Impulse hervorrufen könnte, meine ich aus meiner Erfahrung heraus, daß sie genau aus diesem Grund gepriesen werden sollte. Mein Standpunkt läßt sich gut durch eine Geschichte illustrieren, die der Geisteswissenschaftler W. R. Halliday in seinem 1913 veröffentlichten Buch *Greek Divination* erzählt. In den sieben Jahren meiner sorgsamen Forschung über die Kristallomantie fand ich nur diesen einen Bericht über ein unseliges mediales Ereignis, das einer Person im Zusammenhang mit der Kristallomantie widerfuhr.

Halliday bezeichnet in diesem Fall die Kristallomantie als »Aberglaube« und schreibt dann weiter, daß sie »ernsthaftere und tragischere Folgen bei den ungebildeten Schichten zeitigt, wo nicht die gleiche Gelegenheit zum Erwerb eines geschärften Urteils- und Unterscheidungsvermögens gegeben ist. Der *Manchester Guardian* enthielt in seiner Ausgabe vom 28. Oktober 1909 einen Bericht über die Nachforschungen eines Untersuchungsrichters einen Fall betreffend, bei dem die Frau eines Briefträgers durch das Einatmen von Gas Selbstmord begangen hatte. Ihr Stiefvater sagte aus, daß sie eine Woche zuvor vom Besuch bei einem Wahrsager zurückgekommen sei und berichtet hätte: ›Als er mich bat, in die Kristallkugel zu schauen, sah ich mich auf einem Stuhl sitzen und vorsätzlich mit Gas Selbstmord begehen.‹«

Hallidays Moral dieser traurigen Geschichte besagt ganz eindeutig, daß man sich nicht mit der Kristallomantie abgeben sollte. Ich bin sicher, daß die meisten Menschen, die im Bereich der geistigen Gesundheit professionell tätig sind, klar erkennen würden, daß die Vision dieser Frau nicht die Ursache für ihren Selbstmord war, wie Halliday zu implizieren scheint. Vielmehr verhält es sich gerade umgekehrt: Ihre Vision und aller Wahrscheinlichkeit nach auch ihr Besuch beim Wahrsager waren eine Folge ihrer Depression. Sie war bis zum Punkt des Selbstmords deprimiert, bevor sie den Wahrsager aufsuchte. Und was sie dann in der Kristallkugel sah, war nur ein Spiegel ihrer unbewußten Gedanken.

Man kann aus Hallidays Bericht den Schluß ziehen, daß sich mit der Methode der Kristallomantie potentiell mentale und emotionale Störungen diagnostizieren lassen, in diesem Falle eine Depression.

Zu allen Zeiten haben religiöse Amtsträger die Praxis der Kristallomantie geächtet, weil sie ihrer Ansicht nach das Wirken dämonischer Kräfte heraufbeschwor.

Eine lange Reihe von Kirchenversammlungen und kirchlichen Institutionen haben diesen Glauben immer wieder bestärkt. So hat zum Beispiel schon im fünften Jahrhundert ein vom heiligen Patrick abgehaltenes Konzil verkündet, daß jeder Christ, der glaube, einen Geist in einem Spiegel sehen zu können, exkommuniziert und so lange aus der Kirche ausgeschlossen würde, bis er oder sie diesen Glauben widerriefe und Buße täte.

Hinmarus, ein französischer Erzbischof des neunten Jahrhunderts, verdammte die Hydromantie – das Blicken in eine Wasserfläche, um Visionen herbeizuführen. 1398 wurden herumreisende Kristallomantiker, *specularii* genannt, von der Pariser Theologischen Fakultät zu Dienern des Satans erklärt.

Graf Cagliostro wurde in Rom von Beamten der Inquisition wegen seiner Praktiken eingesperrt, zu denen vor allem auch die Kristallomantie gehörte. Diese Verdammung hat sich bis in unsere heutige Zeit fortgesetzt. Nach einem Pressebericht aus dem Jahr 1979 wurden zwei Frauen in Independence, Missouri, aus der Baptistengemeinde verbannt, weil sie mit Hilfe einer Kristallkugel wahrsagten.

Das religiöse Establishment muß zu seiner Aufrechterhaltung seinen Schäfchen starre, ideologische Überzeugungen in bezug auf Körper, Geist und Seele einpflanzen. Und dazu gehört auch, daß sie möglichst davon abgehalten werden, nach eigenständigen spirituellen Erfahrungen zu streben. Schließlich könnte ein psychologischer Pionier in der Glaubensgemeinde verborgene Bereiche des Selbst erkunden und Entdeckungen machen, die sich nur schwer mit der offiziellen Doktrin vereinbaren lassen.

Was die Andeutungen angeht, daß die Kräfte des Bösen nur darauf lauern, uns mit Hilfe des Spiegels zu verderben, so vermute ich, daß es sich hier um Versuche handelt, uns Angst einzujagen und zu ideologischer Anpassung und Fügsamkeit zu bringen, oder daß es ein Ausdruck der gleichen Angst vor dem Unbewußten ist, die wir schon früher ansprachen.

Ich bin sicher, daß ich hier nicht die letzten Worte zum Thema Teufel gesprochen habe. Und ich meine es ernst, wenn ich sage, daß ich nicht unrespektierlich gegenüber ernsthaften Denkern sein will, die Argumente für das Vorhandensein eines objektiv existierenden Bösen vorbringen. Was nun aber das spezielle Thema der Kristallomantie angeht, so kann ich nur sagen, daß sich für die Theologen gravierende Argumentationsnöte ergeben, wenn kirchliche Autoritäten sie mit dämonischen Praktiken in Verbindung bringen. Denn wenigstens eine der heiligsten Gestalten der Bibel praktizierte sehr wahrscheinlich eine Form der Kristallomantie, um mit dem Göttlichen in Kontakt zu treten. Josef blickte dazu in einen silbernen Kelch, den er bei sich trug.

Doch gibt es auch mindestens fünf Passagen in der Bibel, in denen die Beschwörung von Toten verdammt wird, wobei in drei Fällen die Worte Gott selbst zugeschrieben werden.

Wendet euch nicht an die Totenbeschwörer, und sucht nicht die Wahrsager auf; sie verunreinigen euch. Ich bin der Herr, euer Gott.

Lev. 19,31

Gegen einen, der sich an Totenbeschwörer und Wahrsager wendet und sich mit ihnen abgibt, richte ich mein Angesicht und merze ihn aus seinem Volk aus. Lev. 20,6

Männer oder Frauen, in denen ein Toten- oder ein Wahrsagegeist ist, sollen mit dem Tod bestraft werden. Man soll sie steinigen, ihr Blut soll auf sie kommen. Lev. 20,27

Die Bedeutung dieser Passagen ist unmißverständlich. Lese ich diese Verse jedoch im Zusammenhang mit dem Text der beiden Kapitel, in denen sie zu finden sind, so habe ich weniger das Gefühl, gegen das Wort Gottes verstoßen zu haben, als vielmehr den Eindruck, wieder einmal auf einen jener Bereiche gestoßen zu sein, in denen alte Werte mit neuen Zeiten kollidieren.

Der Herr sprach zu Mose und sagte ... Unter deinem Vieh sollst du nicht zwei Tiere verschiedener Art sich begatten lassen. Dein Feld sollst du nicht mit zweierlei Arten besäen. Du sollst kein aus zweierlei Fäden gewebtes Kleid anlegen ... Ihr sollt euer Kopfhaar nicht rundum abschneiden. Du sollst deinen Bart nicht stutzen. Für einen Toten dürft ihr keine Einschnitte auf eurem Körper anbringen, und ihr dürft euch keine Zeichen einritzen lassen. Ich bin der Herr ... Wendet euch nicht an die Totenbeschwörer und sucht nicht die Wahrsager auf; sie verunreinigen euch. Ich bin der Herr, euer Gott ... Ihr sollt kein Unrecht begehen bei Gericht, mit Längenmaß, Gewicht und Hohlmaß. Ihr sollt richtige Waagen, richtige Gewichtsteine, richtiges Efa und richtiges Hin haben ... Gegen einen, der sich an Totenbeschwörer und Wahrsager wendet und sich mit ihnen abgibt, richte ich mein Angesicht und merze ihn aus seinem Volk aus ... Ein Mann, der mit der Frau seines Nächsten die Ehe bricht, wird mit dem Tod bestraft, der Ehebrecher samt der Ehebrecherin.

Und so weiter. Wenn Fundamentalisten dann ihre biblischen Einwände gegen »Totenbeschwörer und Wahrsager« einbringen, greife ich rasch zur Bibel und lese ihnen vor, in welchem Zusammenhang die von ihnen zitierten Passagen stehen. Wollten sie den Lehren auch nur in dem von mir oben angeführten ausschnitthaften Maß Folge leisten, so würde das bedeuten, daß sie als wahre Gläubige unter anderem keine Kleidung aus Mischmaterialien tragen, sich nicht das Haar schneiden, nicht den Bart stutzen, sich nicht tätowieren lassen und nur eine einzige Getreidesorte auf einem Stück Land aussäen dürfen.

Kristallomantiker als Scharlatane

Die Kristallomantie wird mit Schwindel und Täuschung in Verbindung gebracht, und die Geschichte läßt keinen Zweifel daran, daß dieser Vorwurf zum Teil gerechtfertigt ist. Es ist ganz klar, daß gewisse selbsternannte Kristallomantiker sich um der persönlichen Bereicherung willen der bewußten Täuschung anderer schuldig gemacht haben.

Auch in der Unterhaltungsliteratur spiegelt sich dieses Thema wider. Wer könnte den schwindlerischen Wahrsager in *Der Zauberer von Oz* vergessen, der von seinem hinter einem Vorhang verborgenen Kontrollstand aus Dampf, Lärm und Zornesausbrüche produzierte? »Ich bin der Zauberer!« schrie dieser bloße Sterbliche und ließ seine Gestalt auf einer riesigen Filmleinwand sehr viel größer und erschreckender erscheinen.

Nicht viel anders das Beispiel des katholischen Bischofs Hippolytus. Nach den Worten des Geisteswissenschaftlers E. R. Dodds »beinhaltete Hippolytus' Sammlung von Zaubertricks eine Vorrichtung, mittels derer er sowohl sichtbare wie hörbare Phänomene vortäuschen konnte: Ein mit Wasser gefüllter Kelch mit einem Glasboden wird über eine kleine Luke gestellt, und die Person, die hineinblickt, sieht [und hört vielleicht?] in der Tiefe bestimmte Dämonen. In Wirklichkeit aber handelt es sich um die Komplizen des Magiers, die in einem darunter befindlichen Zimmer sitzen.«

Aufgrund des betriebenen Mißbrauchs sah sich die Gesellschaft veranlaßt, Gesetze zum Schutz gegen skrupellose Kristallomantiker zu erlassen, was aber dennoch nicht ein unterschiedsloses Verbot der Kristallomantie rechtfertigt.

Da die Öffentlichkeit über das Wesen von Kristallvisionen falsch informiert ist, fällt es den Scharlatanen leicht, ihre Opfer zu täuschen. Sie können ganz einfach behaupten, über ungewöhnliche Kräfte zu verfügen, indem sie diese Phänomene »produzieren«.

Im übrigen kamen einige Leute zu mir, die die Kristallomantie für einen Schwindel hielten. Dennoch hatten sie den Mut, sich einem Experiment zu unterziehen, und wurden für ihre Mühe belohnt.

Zum Beispiel erklärte ein skeptischer Arzt nach einem Vortrag, den ich zu diesem Thema in Seattle gehalten hatte, daß Kristallvisionen ganz einfach auf Suggestion zurückzuführen seien. Und daß Leute, die »richtig denken können«, keine Visionen dieser Art erleben. Ich bat ihn, mich zu meinem Hotelzimmer zu begleiten, wo ich dann die Vorhänge zuzog und das Licht dämpfte. Ich ließ ihn sich in einem bestimmten Winkel zu einem Spiegel im Zimmer niedersetzen, so daß der Eindruck einer klaren Tiefe entstand. Und ich wies ihn an, sich zu entspannen, während er in den Spiegel blickte. Trotz seiner Zweifel erwies er sich als ausgezeichnete Versuchsperson. Binnen weniger Minuten berichtete er von Wolken, die er im Spiegel sah, gefolgt von geometrischen Formen. Als Gesichter auftauchten, beendete er die Sitzung.

»Ich verstehe, was Sie meinen«, sagte er, durch diese Erfahrung etwas gedämpft. »Es funktioniert.«

Konflikte mit der modernen Technologie

Heutzutage sind wir in unserem Alltagsleben so sehr mit den technologischen Schöpfungen verwoben, daß die meisten von uns ohne Maschinen wahrscheinlich nicht überleben könnten.

Diese Inanspruchnahme der Technologie hat uns ein schnelleres Lebenstempo beschert, ein Tempo, das vor hundert Jahren noch undenkbar gewesen wäre. Es bewirkt, daß viele Menschen sich nicht mehr den Vergnügungen eines veränderten Bewußtseinszustands hingeben, der im allgemeinen erfordert, daß wir unser Tempo verlangsamen und anders denken, als wir es normalerweise gewohnt sind.

Die technologische Entwicklung hat einige der früheren Anwendungsgebiete der Kristallomantie überflüssig gemacht. An die Stelle des Willens und des Bedürfnisses, in die Tiefen des Unbewußten einzutauchen, um dort Einsichten oder auch Unterhaltung zu finden, sind der Fernseher, das Telefon und Berufe wie die des Psychiaters getreten.

Die Kristallomantie erfordert eine andere Denkweise, als sie gegenwärtig für unser Alltagsleben vorgesehen ist. Deshalb müssen wir, um uns darauf vorzubereiten, unser Lebenstempo drosseln und versuchen, sozusagen in einen anderen Zeitrahmen einzutreten.

Ich habe eine Umgebung geschaffen, um die Versuchspersonen aus dem zwanzigsten Jahrhundert zurück in eine Zeit zu versetzen, in der das Tempo langsamer war und die mit dem angestrebten veränderten Bewußtseinszustand kompatibler war. Wenn Sie Geisterscheinungen herbeiführen wollen, werden auch Sie Ihre Umgebung dahingehend verändern müssen.

Die Kristallomantie ist unwissenschaftlich

Die wissenschaftliche Arbeit erfordert eine besondere Art der Beobachtung, des Denkens und Analysierens, die sehr stark von einem wachen, konzentrierten, kritischen und reflektiven Bewußtseinszustand abhängt.

Da sehr vieles in unserer heutigen Umwelt seinen Ursprung der wissenschaftlichen Methode verdankt, ist es nicht weiter überraschend, daß das wissenschaftliche Denken offiziell sanktioniert wurde. Es gibt viele Menschen, die alle anderen Denkweisen für mangel- oder zweifelhaft halten.

Eine solche Einstellung hat viel für sich, denn es reicht schon ein Blick zurück in die Geschichte, um uns tiefe Dankbarkeit für das Aufkommen einer wissenschaftlichen Denkweise empfinden zu lassen.

Doch die gegenwärtige, auf dem kritischen Denken basierende wissenschaftliche Weltanschauung steht veränderten Bewußtseinszuständen etwas verächtlich gegenüber. Die meisten Wissenschaftler glauben, daß ein kritisch-reflektives Bewußtsein mit der Wahrheit im Bunde ist, wohingegen andere Bewußtseinsebenen als »unwirklich« oder »täuschend«, sogar auch als illusionär oder »halluzinatorisch« gelten. Da die Kristallomantie auf einem hypnagogen Bewußtseinszustand basiert, neigen Wissenschaftler dazu, sie ohne viel Federlesens abzutun.

Eine genauere Analyse der wissenschaftlichen Fortentwicklung enthüllt zahlreiche Fälle, bei denen Wissenschaftler ihre Inspirationen im hypnagogen Zustand erhielten, so etwas Thomas Edison, Friedrich August Kekulé von Stradonitz und René Descartes. Letzterer erschuf infolge einer Reihe von lebhaften Träumen das, was heute als wissenschaftliche Methode bekannt ist und die Grundlage aller guten wissenschaftlichen Experimente darstellt. Descartes Träume sind ein wunderbares Beispiel für ein interpretatives intellektuelles Wesen in Verbindung mit den Gaben des Unbewußten.

Im ersten Traum findet sich Descartes von einem Wind umwirbelt, während er sich eine Straße entlangkämpft, um zur Kirche zu kommen und seine Gebete zu sprechen. Er merkt, daß er an einem Bekannten vorüberging, ohne ihn zu grüßen, und möchte umkehren, aber der Wind läßt ihn nicht. Dann sieht er einen anderen Mann vor der Kirche stehen, der ihm berichtet, daß ein weiterer seiner Freunde in der Kirche auf ihn warte, um ihm eine Melone zu geben. Descartes wacht auf und kommt zum Schluß, daß der Traum das Werk eines bösen Dämons ist. Er bittet Gott um Schutz und schläft wieder ein.

Im nächsten Traum hört er ein lautes Geräusch, das er für einen Donnerschlag hält. Er ist sofort wach und sieht Tausende von feurigen Funken in seinem Zimmer.

Im dritten Traum findet er ein Wörterbuch auf dem Tisch und im nächsten Traum eine Gedichtsammlung mit dem Titel *Corpus Poetarum*. Er öffnet das Buch und liest die Zeile: »Welchem Weg soll ich im Leben folgen?« Ein ihm unbekannter Mann spricht ihm Verse vor, die mit den Worten »ja und nein« beginnen.

Als Descartes erwachte, kam er zum Schluß, daß diese drei Träume göttlich inspiriert waren. Die ersten beiden waren Warnungen in bezug auf das Leben, das er bis zu diesem Tag, den 10. November 1619, geführt hatte. Der dritte war ein Symbol der Ermunterung, sich seiner Lebensaufgabe zu widmen, nämlich die Wissenschaften auf den Weg zur Erkenntnis zu bringen.

Jetzt wird klar, was Descartes meinte, als er schrieb: »Eines Tages beschloß ich, auch mich selbst als Studienobjekt zu benutzen.« Für ihn wurde die wissenschaftliche Methode zum »natürlichen Licht der Vernunft.«

Kristallomantie und die »offizielle« Realität

Wenngleich wir anerkennen, daß die Realität für jeden anders aussieht, so stimmt es doch auch, daß es eine »offiziell sanktionierte« Vorstellung von Realität gibt.

Die großen Philosophen und Wissenschaftler, die unsere moderne Weltanschauung prägten, haben eine klare Linie zwischen »Wirklichkeit« und »Unwirklichkeit« gezogen. Diese Linie funktioniert im allgemeinen, doch wenn etwas diese Linie überschreitet, wird es problematisch. Träume etwa werden von vielen Denkern als klassisches Beispiel für etwas Unwirkliches angeführt. Und auch unseren Kindern bringen wir mit zunehmendem Alter bei, daß Träume unwirklich sind.

Ich nehme an, daß manche Menschen die Kristallomantie und ähnliche Phänomene deshalb so verwirrend finden, weil diese die kulturell in uns verwurzelte Definition von Wirklichkeit in Frage stellen. Tatsächlich sind Menschen, die solchen Phänomenen begegnen, oft über das Geschehen verblüfft. Doch wenn sie darüber nachdenken, messen sie den Bildern, die sie gesehen haben, Wert zu. Wie Träume haben auch Kristallvisionen eine tiefe Bedeutung.

Jedermann hat seine eigene einzigartige Realität. Meiner

Ansicht nach sind Kristallvisionen nichts »Unwirkliches«. Vielmehr sind sie ein Mittel zur effektiveren Erforschung der wahren Realität.

Ein dubioses Spiel

Heute wird die Kristallomantie allgemein als Gesellschaftsspiel oder als Einrichtung in Vergnügungsparks und schäbigen Seitengassen betrachtet. Dieser unselige Eindruck sollte uns nicht zu ihrer Ablehnung verführen. Wie schon gesagt, kann sie ein wertvolles therapeutisches Hilfsmittel bei der Trauerarbeit und ein Weg zur Selbstfindung sein. Und auch wenn man sie lediglich als Zeitvertreib betrachtet, so stellt sie doch eine legitime Form der Erholung und eine faszinierende Übung dar.

Ich glaube, daß durch die Meisterung der Kunst der Kristallomantie der visionäre Prozeß demokratisiert werden kann. Es werden nicht mehr lange Therapiestunden vonnöten sein, um aus dem Unbewußten herrührende psychische Probleme zu erkunden. Ein in dieser Kunst erfahrener Therapeut könnte so an unsere verborgensten Emotionen herankommen.

Ein Wort der Warnung

Sollten Sie vorhaben, sich auf diesen Bereich einzulassen, dann möchte ich Sie warnen: Machen Sie sich auf wütende Reaktionen von seiten Ihrer Mitmenschen gefaßt. Mich hat diese Reaktion völlig überrascht. Obwohl mich Menschen oft für den Mut loben, dessen es ihrer Meinung nach bedurfte, um die Nahtoderfahrungen zu erforschen und über sie zu schreiben, wurde ich doch nie von skeptischen Wissenschaftlern und Ärzten verachtet, und die Angriffe auf meine frühere Forschungsarbeit hielten sich in Grenzen.

Das hat sich nun in bezug auf meine gegenwärtige Arbeit geändert. Als ich einem Psychologen von meinem Plan erzählte, diese Studie durchzuführen, antwortete er: »Jetzt ist's aus mit deiner Karriere!« Eine sehr intelligente Freundin bezeichnete das Projekt als »töricht und merkwürdig« und verbot mir sogar, in ihrer Gegenwart über das Thema zu sprechen.

Die finsterste Reaktion erhielt ich im Dezember 1991, als ich wegen einer Schilddrüsenüberfunktion ins Krankenhaus mußte.

Warum dies geschah, ist mir immer noch ein Rätsel. Ich nehme seit 1985 Präparate für die Schilddrüse ein, nachdem man festgestellt hatte, daß mein Körper dieses lebenswichtige Hormon nicht ausreichend produziert. Aus irgendeinem Grund erwies sich meine übliche Dosis plötzlich als zu hoch, und ich fiel ins Delirium.

Im Krankenhaus sollte ich nun neu eingestellt werden, und während ich dort lag, beging ich den Fehler, einen der Ärzte zu bitten, mir die Zusammenfassung eines Vortrags über die Kristallomantie zu fotokopieren. Ich sollte die Resultate meiner Forschungsarbeit den Mitgliedern eines internationalen Instituts für Erziehungswesen vorstellen, und sie brauchten eine Kopie dieser Zusammenfassung für die Vorankündigung in ihrem Informationsblatt.

Als der Arzt vom Kopierer zurückkam, bemerkte er knapp, daß er auch für sich eine Kopie angefertigt habe, und meinte dann, dieser Vortrag sei der eindeutige Beweis, daß ich »einen Sprung in der Schüssel« hätte. Obwohl es allgemein bekannt war, daß ich eine Schilddrüsenüberfunktion hatte, diagnostizierte er mich nun als manisch-depressiv und verschrieb mir Lithium!

Ich weigerte mich, das Präparat einzunehmen, und meine Beschwerden verschwanden binnen weniger Tage, nachdem sich meine Schilddrüsenfunktion wieder normalisiert hatte. Als ich ein paar Monate später meinen Vortrag hielt, wurde er sehr gut aufgenommen.

Diese Begegnung machte mir klar, daß bei den Fundamentalisten schon immer Angst und Abscheu hochkam, wenn es um Ideen wie die Kristallomantie geht. Fundamentalisten jeglicher Art, egal ob nun Christen, Juden, Psychiater oder Psychologen, sind Menschen, die auf eine Erkenntnisstruktur fixiert sind. Sie halten wie besessen an einem unflexiblen Glaubenssystem fest. Sie wehren sich gegen neue Ideen oder Erfindungen, die auf irgendeine Weise ihrer inneren rigiden Struktur zuwiderlaufen. Religiöse Fundamentalisten werden ihren alten Vers aufsagen: »Dies ist das Werk des Satans!« Fundamentalistische Psychologen haben ähnliche Sprüche zur Hand: »Ich hab' das nie erlebt, also kann es nicht wahr sein.«

Mir ist bewußt, daß dieser Haltung Unsicherheit zugrunde liegt. Statt offen zu sein und bereitwillig nach Antworten zu suchen, sind Fundamentalisten hitzige Ideologen, die sich gegen Zweifel und Verunsicherung verteidigen. Sie weigern sich anzuerkennen, daß es einige Aspekte der menschlichen Psyche gibt, über die wir nur sehr wenig wissen. Und ganz gewiß wollen sie niemanden wissen lassen, wieviel Spaß die Psychologie machen könnte, vor allem, wenn es um Dinge wie die Kristallomantie geht, die es den Betroffenen ermöglichen würde, auf vergnügliche Weise ihre Probleme selbst zu lösen.

Ein zweischneidiges Schwert

Sie meinen vielleicht, daß die Menschen, die unbedingt ans Paranormale glauben, meine diesbezügliche Arbeit schätzen. Dies ist nicht ganz richtig. Eine Reihe von ihnen äußerte Bedenken. Vielleicht befürchteten sie, daß Untersuchungen, die eine Bestätigung des Auftretens von Geisterscheinungen versprechen, dies womöglich aber auch widerlegen könnten.

Diese Einstellung zeugt nicht gerade von Fairneß. Wir müssen mit der Möglichkeit rechnen, daß einige unserer geliebten okkulten Lehrsätze umfassenderen Tests unterworfen werden, wenn die Geisterscheinungen von Verstorbenen jemals unter Laborbedingungen überprüft werden sollten.

Es gibt eine einflußreiche Gruppe von Wissenschaftlern, die veränderte Bewußtseinszustände lieber nicht erforscht sehen möchten. Diese Leute, die Aldous Huxley die »fürchterlichen Konsequenz-Argumentierer« nannte, wenden ein, daß wir, wenn wir solchen Dingen wie der Kristallomantie auch nur die geringste Glaubwürdigkeit zugestehen, das schwerwiegende Risiko eingehen, die gesamte Bandbreite magischen Denkens wieder auferstehen zu lassen, wodurch wir mit einem riesigen Satz ins Dunkle Zeitalter zurückgeworfen werden könnten.

Für diese Befürchtungen gibt es keinen Grund. Angesichts eines solch komplexen, faszinierenden und angsteinflößenden Phänomens wie dem der Kristallomantie kann nur eine absolut gründliche und ehrliche Analyse zufriedenstellend sein. Abgesehen davon brachten mich meine weiteren Forschungen zur Überzeugung, daß die Kristallomantie in historischen Zeiten mit ganz erstaunlichen Resultaten praktiziert wurde. Und diese Einsicht führte dazu, daß ich mich noch tiefer auf dieses Thema einließ.

2. *Ein Blick auf die Geschichte*

ERKENNE DICH SELBST.
Inschrift am Orakeltempel von Delphi

Die Menschen im alten Griechenland waren heldenhafte und erfahrene Navigatoren in der Welt des Mittelreichs, aber nur wenige unter ihnen waren findiger als der weise und beliebte Salmoxes. Er war ein Mann, der eine Post-mortem-Erscheinung herbeibeschwören konnte – und zwar von sich selbst!

Salmoxes lebte 500 v. Chr. in Thrakien und geriet aus uns unbekannten Gründen als junger Mann in Sklaverei. Er hatte das Glück, schließlich bei Pythagoras zu landen, einem der großen Denker des alten Griechenlands. Pythagoras erklärte die Zahlen zu den Grundbegriffen des Seins und glaubte an ein Leben nach dem Tod.

Offensichtlich verbrachte er viel Zeit damit, dem Sklaven seine Philosophie zu erklären, und als Salmoxes schließlich ein freier Mann wurde, glaubte auch er fest an ein Leben nach dem Tod.

Er verließ Thrakien und kehrte nach einigen Jahren als reicher Mann zurück. Danach ließ er als erstes ein Amphitheater erbauen, das der Diskussion von parapsychologischen Themen gewidmet war. Da Salmoxes einen Hang zum Dramatischen hatte, bin ich ganz sicher, daß es sich hier eher um eine Arena des Geistes handelte.

Er hielt Vorträge über das Leben nach dem Tod und versicherte den Leuten, daß sie sich nicht vor dem Sterben zu fürchten brauchten. Es gibt ein Leben nach dem Tod, so sagte er ihnen, und brachte Argumente für die Existenz der Seele vor.

Die Menschen in Thrakien liebten Salmoxes, und er liebte sie. Er wurde zum großen Wohltäter, war überall bekannt, und in den spärlichen historischen Überlieferungen findet sich nirgendwo ein unfreundliches Wort über diesen Mann.

Viele Jahre lang lehrte er über das Leben nach dem Tod, und während dieser Zeit ließ er sich einen unterirdischen Raum ausbauen. Das heißt, es war mehr als ein Raum, es war praktisch ein unterirdisches Haus. Möglicherweise war dort auch eine Quelle vorhanden, und vielleicht wurden dort auch Hühner gehalten und riesige Fässer mit Oliven eingelagert sowie eine schöne Sammlung von ehrwürdigen Schriftrollen deponiert und Fackeln, um sie lesen zu können.

Als dieses unterirdische Haus fertig war, ließ sich Salmoxes in aller Öffentlichkeit und wahrscheinlich mit großem zeremoniellem Pomp darin einmauern. Zwar gibt es keinen ausführlichen Bericht über dieses Ereignis, aber ich kann mir vorstellen, daß er zunächst lange über das Leben nach dem Tod sprach und sich dann in diese selbstgemachte Imitation der Unterwelt begab, die nach dem Glauben der alten Griechen der Aufenthalt der Seelen der Verstorbenen war. Die Menge war entsetzt und voll des Leids, als die Öffnung mit einem großen Steinblock verschlossen wurde. Es war, als sei ihr großer Freund verstorben.

Salmoxes blieb eine lange Zeit dort im Untergrund. Dem Bericht Herodots zufolge können es drei Jahre gewesen sein.

Oben trauerten die Menschen. Sie weinten und klagten. Manche gingen Tag für Tag in sein Amphitheater und baten die Götter um seine Erlösung. Ich denke, das Ganze muß sich wie eine endlose Seifenoper ausgenommen haben. »Lebt er? Kann er denn so lange da unten bleiben?« fragten sich wohl die Leute. »Werden wir ihn je wiedersehen? Glaubst du, er lebt noch?«

Sie betrauerten ihn, als sei er gestorben. Und darin bestand ja auch die große Einsicht des Salmoxes, die Einsicht, daß die Trennung ein Tod ist.

Schließlich tauchte er drei Jahre später wieder auf. Unter dem Jubel der Bevölkerung Thrakiens kam er aus dem Untergrund und wurde wieder Teil der Gesellschaft.

Herodot, der erste uns bekannte Historiker, schrieb über dieses lazarusgleiche Ereignis und deutete es folgendermaßen: »Und so bewies er ihnen, daß das, was er gesagt hatte, wahr ist. Der Tod bietet keinen Anlaß zur Sorge.«

Rational betrachtet ist diese Aussage völlig absurd, doch emotional gesehen ist sie wahr. Salmoxes zeigte, daß »der Tod keinen Anlaß zur Sorge bietet.«

Nachdem die Menschen Zeuge seines gesellschaftlichen Todes geworden waren, durchliefen sie die ganze Trauerprozedur, so als sei er tatsächlich gestorben. Sie wollten nicht glauben, daß er wirklich verschwunden war, manche waren auch wütend über den Verlust ihres guten Freundes. Einige mögen sogar den Göttern Versprechungen gemacht und versucht haben, ihnen seine Rückkehr aus der Unterwelt abzuhandeln.

Als er zurückkehrte, verflüchtigte sich ihre Angst. Danach konnten die Menschen Thrakiens nicht mehr davon überzeugt werden, daß der Tod irgendwelchen Anlaß zur Sorge bot.

Salmoxes vollendete für diese Menschen den Zyklus der Trauer. Er bediente sich des Mittels der Kristallomantie, so gut er konnte, nur auf andere Weise. Er reiste in jene Zone, die zwischen Leben und Tod existiert.

Fruchtbare innere Reisen

Die griechische Antike ist ein fruchtbarer Boden, von dem aus sich solche phantastischen inneren Reisen unternehmen lassen. Aus den historischen Überlieferungen geht klar hervor, daß die alten Griechen davon überzeugt waren, unter gewissen Umständen die Geister der Toten herbeibeschwören und sich mit ihnen unterhalten zu können.

Zu diesem Zweck gab es Orakelstätten zur Geisterbeschwörung, in denen der Übergang zwischen diesem und dem nächsten Reich bewerkstelligt werden konnte.

Homer andererseits schildert uns eine Zeremonie zur Beschwörung der Totengeister, die ohne die ausgeklügelten Anlagen und Rituale dieser Orakelstätten auskam. Dem Geheiß der Zauberin Circe folgend, segelte Odysseus zu einem dieser Aktivität gewidmeten Orakelhain. Dort hob er eine Grube aus und füllte sie mit dem Blut eines geopferten schwarzen Schafs und eines stattlichen Widders. Dann blickte er in die Blutlache und kommunizierte mit den Geistern:

»... und aus dem Erobos kamen
Viele Seelen herauf der abgeschiedenen Toten.
Jüngling' und Bräute kamen und kummerbeladene Greise,
Viele kamen auch von ehernen Lanzen verwundet,
Kriegerschlagene Männer, mit blutbesudelter Rüstung.
Dicht umdrängten sie alle von allen Seiten die Grube,
Mit grauenvollem Geschrei; und bleiches Entsetzen ergriff mich.«

Nach dieser und anderen Begegnungen führt Odysseus eine Unterhaltung mit seiner Mutter, die, was er nicht gewußt hatte, in einem fernen Land gestorben war. Er nahm an, daß sie gewaltsam ums Leben gekommen oder an einer schleichenden Krankheit verstorben sei, aber sie verneint beides:

»Bloß das Verlangen nach dir und die Angst, mein edler Odysseus,
Dein holdseliges Bild nahm deiner Mutter das Leben!
Also sprach sie; da schwoll mein Herz von inniger Sehnsucht,
Sie zu umarmen, die Seele von meiner gestorbenen Mutter.
Dreimal sprang ich hinzu, an mein Herz die Geliebte zu drücken;
Dreimal entschwebte sie leicht, wie ein Schatten oder ein Traumbild,
Meinen umschlingenden Armen . . .«

Ich gehe davon aus, daß die Blutlache eine spiegelnde Fläche bot, in der Odysseus die Verstorbenen erscheinen sah. Zu Zeiten Homers wußte dessen Leserschaft um derartige Praktiken und verstand sofort, was Odysseus dort tat. Homer brauchte damals diese Prozedur genausowenig zu beschreiben wie heute ein Romancier das Fernsehen.

Die Ausgrabung einer Orakelstätte zur Beschwörung der Totengeister

Bezeichnenderweise siedelt Homer diese Begebenheit am Fluß Acheron an. »Allda liegt das Land und die Stadt der kimmerischen Männer.« Herodot berichtet von einer Orakelstätte zur Beschwörung der Totengeister, die sich offensichtlich in der gleichen Gegend befand – in Ephyra in Epirus, einem Landstrich im westlichen Griechenland.

Auch Strabo, der griechische Geograph, schrieb, daß diese Orakelstätte zur Beschwörung der Totengeister von den Kimmerern betrieben wurde. Er berichtete, daß diese in unterirdischen Lehmhäusern wohnten, die durch Tunnels miteinander verbunden waren. Nach alter Sitte kamen diejenigen, die in unmittelbarer Nähe der Orakelstätte lebten, nie bei Tageslicht, sondern stets nur in der Nacht aus ihren Höhlen hervor. Homer muß sich vorgestellt haben, daß sie einer sehr düsteren Beschäftigung nachgingen, denn er sprach ihnen sein Mitgefühl aus: »Schreckliche Nacht umhüllte die elenden Menschen.«

Gegen Ende der 50er Jahre dieses Jahrhunderts entdeckte Sotiris Dakaris, ein griechischer Archäologe, diese Stätte wieder und machte sich an ihre Ausgrabung. Sie erwies sich als ein ausgeklügelter unterirdischer Komplex, ein Labyrinth aus Gängen und Kammern, das schließlich in eine längliche, höhlenartige Halle mündete, in der die Geisterscheinungen erblickt wurden.

Dort in der Halle fand Dakiris die Überreste eines riesigen Bronzekessels, der von einem Geländer umgeben war. Seiner Theorie nach sollte dieses Geländer wohl die Menschen davon abhalten, sich zu nahe heranzudrängen. Die Orakelpriester hingegen, so meinte er, versteckten sich im Kessel und übernahmen die Rolle der Geister, die die Orakelsuchenden zu sehen erwarteten.

Ich habe eine andere Deutung dafür. Kessel, Schüsseln, Becken, Kelche und andere mit einer Flüssigkeit gefüllten Gefäße dienten schon in vielen alten Kulturen als Spiegel für Kristallvisionen. Waren es Metallgefäße, so wie dieser Kessel, so konnten sie auf Hochglanz poliert werden und dienten ihren Zwecken damit um so besser.

Ich vermute, daß der Kessel in seinem Inneren poliert war

und daß die Erscheinungen in der spiegelnden Fläche des mit Wasser gefüllten Gefäßes erblickt wurden. Seine runde Form machte es möglich, daß mehrere Menschen zugleich in seine klare Tiefe blicken konnten. Und seine enorme Größe ließ lebensgroße Erscheinungen erstehen, da die Größe der Vision in direktem Zusammenhang mit der Größe der Spiegelfläche steht.

Philipp Vandenberg schrieb über die gründlichen und ausgedehnten Vorbereitungen, derer sich die Menschen, die das Orakel befragen wollten, zu unterziehen hatten. Sie wurden praktisch einen Monat lang in diesen unterirdischen Räumen eingesperrt und durch dunkle Gänge und Kammern geführt, bis sie schließlich in die Halle der Erscheinungen eintreten durften, wo ihre lange Isolation in der Dunkelheit durch ein flackerndes Licht des Feuers, das unheimliche Schatten an die Wände warf, durchbrochen wurde. Diese sorgfältigen Vorbereitungspraktiken sind für mich ein weiterer Hinweis darauf, daß sich in dem Kessel nicht ein Haufen betrügerischer Priester verbarg.

Wenn die Visionssuchenden in den Kessel geblickt und vermutlich auch eine Visionserfahrung gemacht hatten, wurden sie mit Schwefel beräuchert, ein Mittel, das traditionell bei all jenen angewandt wird, die Kontakt mit den Toten hatten. Dann wurden sie ans Tageslicht und zu einem Fluß geführt, wo sie ein rituelles Bad nahmen.

Der Einfluß auf Platon

Sollte Vandenbergs Bericht korrekt sein, dann habe ich eine spannende Theorie: Wäre es nicht möglich, daß Platons berühmtes Höhlengleichnis eine Parodie auf diese Orakelstätte in Ephyra darstellt? In seinem Werk *Der Staat* schrieb Platon über die Grenzen menschlichen Wissens und unsere allgemeine Unkenntnis von der Realität. Er bediente sich eines Gleichnisses, um uns zu lehren, daß wir gleichsam in einer Höhle leben und nichts von den Wundern wissen, die knapp über uns auf der Erdoberfläche zu finden sind. Die Orakelstätte von Ephyra beschwört ganz ähnliche Bilder herauf. Die Menschen sind in unterirdischen Höhlen eingesperrt, Schatten werden vom Licht flackernder Flammen an die Wand geworfen, Betreuer sind darauf aus, ihre Klienten davon zu überzeugen, daß diese Schatten real sind, und wenn die Gefangenen dann freikommen, werden sie erst an die Erdoberfläche und dann an ein Wasser geführt.

Platon war ein hervorragender Parodist, ein Talent, das vor allem bei manchen Dialogen zur Geltung kam. Er nahm auch seine Kollegen, die Philosophen, auf die Schippe, und einige sind uns heute nur noch durch seine Karikaturen bekannt.

Das Totenorakel von Ephyra war zu seinen Lebzeiten ganz eindeutig in Betrieb, und es gibt genügend Beweise, daß es, obwohl es sich an einem ziemlich abgelegenen Ort befand, von den Menschen zuhauf aufgesucht wurde. Wir können weder daran zweifeln, daß ein so gut informierter Mann wie Platon darüber Bescheid wußte, noch daran, daß diese beliebte Attraktion Wasser auf seine Mühlen war.

Könnte das Totenorakel von Ephyra im Siebten Buch von Platons *Der Staat* Verwendung gefunden haben? Sehen Sie sich folgende Passage an:

»Nächstdem, sprach ich [Sokrates], vergleiche dir unsere Natur in bezug auf Bildung und Unbildung folgendem Zustande. Sieh nämlich Menschen wie in einer unterirdischen, höhlenartigen Wohnung, die einen gegen das Licht geöffneten Zugang längs der ganzen Höhle hat. In dieser seien sie von Kindheit an gefesselt an Hals und Schenkeln, so daß sie auf demselben Fleck bleiben und auch nur nach vornhin sehen, den Kopf aber herumzudrehen der Fesseln wegen nicht vermögend sind. Licht aber haben sie von einem Feuer, welches von oben und von ferne her hinter ihnen brennt. Zwischen dem Feuer und den Gefangenen geht obenher ein Weg, längs diesem sich eine Mauer aufgeführt, wie die Schranken, welche die Gaukler vor den Zuschauern sich erbauten, über welche herüber sie ihre Kunststücke zeigen.«

Ich meine, daß dieses Gleichnis aufgrund der oben erwähnten Parallelen auf einer Ebene als Parodie auf das Totenorakel von Ephyra zu verstehen ist. Es gibt auch an anderer Stelle Hinweise darauf, daß Platon sich darüber lustig machte. Im Ersten Buch von *Der Staat* scheint Sokrates auf einen Vorfall anzuspielen, bei dem Periandros eine Delegation nach Ephyra entsandte, um den Geist seiner verstorbenen Frau aus der Unterwelt herbeizubeschwören. Der Dialog beginnt mit dem Versuch, Gerechtigkeit als ein Zurückgeben dessen, was man von anderen erhalten hat, zu definieren. Sokrates zerpflückt diese Definition und bemerkt, daß sie wahrscheinlich von Periandros oder einer ähnlichen Person stammte. Die Ironie ist offensichtlich. Periandros war augenscheinlich ein ungerechter Mann, der nichts unversucht ließ, um seine Frau aus der Unterwelt herbeizubeschwören, damit er etwas zurückgeben konnte, das ein Freund seiner Obhut anvertraut hatte.

Die meisten Analysen dieses Höhlengleichnisses konzentrieren sich auf das Schicksal der Gefangenen, aber Sokrates erwähnt auch noch andere Höhlenbewohner, namentlich jene, die die Schatten produzieren, um die Gefangenen zu täuschen. Ich glaube, daß diese für die Betreuer stehen, die die Orakelsuchenden auf ihrer Visionssuche geleiteten, wohingegen mit den Gefangenen die Orakelsuchenden selbst gemeint sind. Möglicherweise waren diese Führer jene Kimmerer, die ewig im Dunkeln lebten.

Ich meine also, daß Platon, als er dieses berühmte Gleichnis schrieb, das Totenorakel von Ephyra im Sinn hatte. Leider bleiben jedoch aufgrund der katastrophalen Ereignisse, die über Ephyra hereinbrachen, viele Fragen offen.

280 v. Chr. zog Pyrrhus, der König von Epirus, mit fünfundzwanzigtausend Mann gegen das römische Heer in die Schlacht und besiegte es. Ein Jahr später besiegte er die Römer wieder, mußte aber so hohe Verluste hinnehmen, daß sein eigenes Heer fast aufgerieben wurde. »Noch so ein Sieg«, bemerkte er, »und wir sind geschlagen.« Von daher das berühmte Wort vom »Pyrrhussieg«, was bedeutet, daß man trotz eines Sieges verlieren kann.

Die tapferen Siege des Pyrrhus waren den Römern so peinlich, daß sie ein Jahrhundert später in Epirus einfielen und siebzig Städte verwüsteten, darunter auch Ephyra. Zwar stehen die Ruinen der Orakelstätte noch, aber die Aufzeichnungen über die Vorgänge in ihrem Inneren wurden vernichtet. Für uns Menschen des zwanzigsten Jahrhunderts bleiben nur noch die Ruinen und ein paar spärliche historische, literarische und anthropologische Quellen – alle sehr interessant, aber wenig mehr als ein Echo aus der Vergangenheit.

Diejenigen von Ihnen, die von diesem Thema fasziniert sind, möchten vielleicht der Stätte des Totenorakels von Ephyra einen Besuch abstatten. Fernab von befahrenen Straßen liegt sie auch heute versteckt in einer Gebirgsregion Griechenlands. In alter Zeit muß die Reise dorthin unglaublich mühselig gewesen sein. Und sie sollte eine Prüfung sein, denn eine so lange Reise trug gewiß dazu bei, die Sinne der Orakelsuchenden zu schärfen.

Meine Frau und ich hatten große Schwierigkeiten, dieses Totenorakel zu finden, als wir im März 1993 nach Griechenland reisten, um einen Tag an dieser Stätte zu verbringen.

Um dorthin zu gelangen, flogen wir zunächst von Athen aus in Richtung Norden nach Ioannina. Dort übernachteten wir und nahmen dann den Bus nach Preveza, eine Fahrt von zwei Stunden, wonach wir sofort in den nächsten Bus umstiegen, der uns in das Städtchen Kanaliki brachte.

Diese Busfahrten sind nichts für Leute mit schwachen Nerven. Man schlängelt sich zum großen Teil über enge Kurven dahin, und ein Blick aus dem Fenster läßt die Fahrgäste in scheinbar bodenlose Abgründe schauen.

Doch die Reise hat mehr zu bieten als nur Angst. Vor den Augen entfaltet sich eine wunderschöne und vielgestaltige griechische Landschaft.

In Kanaliki angekommen, nahmen wir ein Taxi zum *Necromanteion,* wie die Ortsansässigen es nennen. Es befindet sich etwa sechs Kilometer weit vom Ort entfernt auf einem Hügel, überragt von einer im Mittelalter erbauten byzantinischen Kapelle, die wahrscheinlich als christliches Bauwerk das Orakel überdecken sollte. Die Orakelstätte selbst lag Hunderte von Jahren unter der Erde begraben und wurde, wie gesagt, vor noch nicht allzulanger Zeit wieder ausgegraben, wobei heute der Großteil der Ruinen gut erkennbar ist. Sie ist mit einem Stahlgitter umzäunt, und der Fahrer setzte uns ein paar Meter vor dem Eingangstor ab. Wir baten ihn, uns wieder abzuholen, was sich als guter Einfall erwies, denn dort gibt es nirgendwo ein Telefon.

Wir waren die einzigen Besucher. Meine Frau und ich waren allein an diesem Ort, der durch Odysseus und Orpheus Unsterblichkeit erlangte und dereinst von Tausenden aufgesucht worden war, die ihre verstorbenen geliebten Menschen wiederzusehen hofften. Mit dem Segen von Sokrates, dem humorvollen Gentleman, der schon seit fast fünfundzwanzig Jahren Hüter dieser Stätte ist, durften wir auf dem Gelände dieses frühen spirituellen Zufluchtsorts ungehindert herumstreifen.

Die Gemäuer haben kein Dach mehr, und so liegen die Gänge und Kammern frei, durch die einst die Orakelsuchenden wanderten, während sie darauf warteten, in die Halle der Erscheinungen eintreten zu dürfen. Alles ist noch gut sichtbar. Wir saßen in den Wohnquartieren der Priester, der *Psychopompos*, die diese Stätte leiteten. Gemessen am Standard der damaligen Zeit waren ihre Räume groß, doch sie maßen nicht mehr als drei mal drei Meter. Wir verließen die Quartiere der Priester, und während wir das Labyrinth der Gänge durchwanderten, versuchte ich mir vorzustellen, wie dieser Ort wohl vor zweitausend Jahren ausgesehen haben mochte, als es dort dunkel war wie in einer Höhle und eine Atmosphäre banger Erwartung herrschte. Was machten die Menschen in den Wochen, die sie hier waren? Worüber dachten sie nach, worüber sprachen sie? Und obwohl ich ganz gern allein bin, schreckte mich doch der Gedanke an eine so lange und totale Beraubung sinnenhafter Reize.

Die Schlafräume für die Besucher waren leicht zu finden und ebenso die Halle der Erscheinungen. Sie war der größte Raum im ganzen Labyrinth mit hohen Mauern und ebenem Boden. Als ich dort stand, konnte ich mir gut vorstellen, was für ein Aufruhr der Sinne es gewesen sein muß, wenn man nach fast einem Monat, den man mehr oder weniger im Dunkeln verbracht hatte, hier hereinkam. Ein majestätischer Raum, flackerndes Licht der Fackeln, Schatten an den Wänden, während die Priester in ihren Gewändern die Visionssuchenden zum glänzend polierten Bronzekessel führten, der den ganzen Raum beherrschte. Standen sie dann am Rande des Kessels, so wurde ihnen gesagt, daß sie in dieses schimmernde Metall blicken und auf die Erscheinungen achten sollten, die sie sehen würden.

Während ich in der Mitte des Raums stand, dort, wo der Kessel seinen Platz gehabt haben muß, konnte ich mir vorstellen, was die Priester beobachteten, als eine Person nach der anderen eine Erscheinung sah. Von meiner Arbeit in meinem eigenen »Totenorakel« her, Tausende von Kilometern entfernt, wußte ich, daß sich in den Gesichtern der Menschen Freude und Verwunderung über diese magischen Visionen gespiegelt haben und der Raum von Entzückensschreien erfüllt gewesen sein muß, wenn verlorene Familienangehörige und Geliebte für wenigstens nur ein paar Augenblicke zurückkehrten.

Als ich dann meinen Blick nochmals über die Ruinen schweifen ließ, merkte ich, was für ein architektonisches Meisterwerk diese Stätte schon im Altertum gewesen sein muß. Sie war sehr stabil und mit großer Sorgfalt erbaut worden; bis zum heutigen Tag steht sie als ein Denkmal für die wichtige Rolle, die die Beschwörung der Totengeister in jener Kultur spielte.

Da wir nur spärliche Berichte über die Kristallomantie zur Verfügung haben, ist es fast unmöglich, einen lückenlosen historischen Abriß zu erstellen. Im Gegensatz zu solchen Bereichen wie denen der Chemie oder Philosophie existiert keine kontinuierliche historische Tradition, die sich Hunderte von Jahren zurückverfolgen läßt.

Die Kristallomantie scheint eher von Zeit zu Zeit Aufschwung genommen zu haben, taucht hier und dort auf, um dann wieder zu verschwinden – temporäre Ausbrüche sozusagen statt einer ununterbrochenen Tradition der Weitergabe. Dort aber, wo sie wieder erstand, hatte sie oft interessante Auswirkungen.

Ich kann bestenfalls nur eine Reihe von Vignetten zeichnen, skizzieren, wo die Kristallomantie in unserer menschlichen Kultur eine Rolle spielte. Meine Quellen sind die Literatur, Mythen, Religion, Politik und das Alltagsleben. Und obgleich hier oft Hunderte von Jahren überspringen muß, wird doch klar ersichtlich, daß das Heraufbeschwören von Geistern durch die Kristallomantie schon seit Anbeginn der Menschheit eine wesentliche Rolle gespielt hat – eine so wichtige Rolle, daß weder die Kirche noch der Staat sie gänzlich zu unterdrücken vermochten.

So finden sich im Alten Testament Hinweise auf diese Praxis der Weissagung, und zwar im Ersten Buch Samuel. König Saul hatte die Vertreibung aller Medien und Spiritisten aus Israel angeordnet und die Todesstrafe über all jene verhängt, die es wagten, einen Geist heraufzubeschwören. Aber als er nun selbst den Rat des verstorbenen König Samuel braucht, verkleidet er sich und sucht die Totenbeschwörerin von En-Dor auf, ein bekanntes Medium, die widerstrebend den Geist Samuels heraufbeschwört. En-Dor bedeutet »die Quelle von Dor«. Das Dorf ist auf einem mit Höhlen durchsetzten Berg angesiedelt, und Höhlen wie auch Quellen werden, wie wir bald sehen werden, mit der Heraufbeschwörung von Geistern assoziiert.

Offensichtlich enthüllt der Geist Samuels der Totenbeschwörerin die Identität Sauls, denn sie schreit plötzlich auf und fragt den König: »Warum hast du mich getäuscht? Du bist ja Saul.« Nur nachdem er ihr versichert hat, daß ihr kein Leid geschehen wird, läßt sie ihn nun den Geist Samuels erkennen. »Da verneigte er sich und warf sich mit dem Gesicht zu Boden. Und Samuel sagte zu Saul: Warum hast du mich aufgestört und mich heraufsteigen lassen? Saul antwortete: Ich bin in großer Bedrängnis. Die Philister führen Krieg gegen mich, und Gott ist von mir gewichen und hat mir keine Antwort mehr gegeben, weder durch die Propheten noch durch die Träume. Darum habe ich dich gerufen, damit du mir sagst, was ich tun soll.«

Und Samuel antwortet mit einer schrecklichen Prophezeiung, die sich als wahr erweist. »Warum fragst du mich? Der Herr ist doch von dir gewichen und ist dein Feind geworden. Er hat getan, was er durch mich angekündigt hatte: Der Herr hat dir das Königtum aus der Hand gerissen und hat es einem anderen, nämlich David, gegeben. Weil du nicht auf die Stimme des Herrn gehört und seinen glühenden Zorn an Amalek nicht vollstreckt hast, darum hat dir der Herr heute das getan. Der Herr wird auch Israel zusammen mit dir in die Gewalt der Philister geben, und morgen wirst du samt deinen Söhnen bei mir sein; auch das Heerlager Israels wird der Herr in die Gewalt der Philister geben.«

Welches Mediums bediente sich wohl En-Dor, als sie den Geist Samuels heraufsteigen ließ? Ihre Methode wird in der

Bibel nicht erwähnt, aber es ist sehr gut möglich, daß sie eine Art Spiegel zu Hilfe nahm, einen glänzenden Gegenstand zur Projizierung einer visionären Erscheinung.

In Genesis 44 findet sich ein Hinweis auf einen Silberbecher, dessen sich Josef zur Weissagung bedient. »Das ist doch der (Silberbecher), aus dem mein Herr trinkt und aus dem er wahrsagt«, bemerkt sein Diener. Und kurz darauf fragt Josef seine Brüder: »Wußtet ihr denn nicht, daß ein Mann wie ich wahrsagen kann?«

Anthropologen und andere Forscher, die sich mit Stammeskulturen beschäftigen, berichten von der Anwendung ähnlicher Methoden, um Rat von den Geistern einzuholen.

Schamanische Tradition

Die Schamanen der Tungusen in Sibirien benutzten zum Beispiel Kupferspiegel, um die »Geister zu orten«. In ihrer Sprache leitete sich das Wort für »Spiegel« aus dem Wort für »Seele« oder »Geist« ab, und der Spiegel wurde als ein Aufnahmeort für den Geist angesehen. Diese Schamanen behaupteten, die Geister Verstorbener zu sehen, wenn sie in den Spiegel blickten. Übrigens ist auch unser Wort »Schamane« der Sprache der Tungusen entlehnt.

Es gab eine Zeit, in der die Madagassen auf Madagaskar die Geister der Verstorbenen im Rahmen komplexer Gruppenzeremonien herbeibeschworen. Auch pflegten sie die Erscheinungen, die sie von ihren geliebten verstorbenen Menschen sahen, und ihren persönlichen Umgang mit Geistern ganz offen miteinander zu diskutieren. Die Schamanen dieses Volkes initiierten die Zeremonien, indem sie über einen Spiegel mit den Geistern Kontakt aufnahmen.

Das indianische Volk der Pawnee in Nordamerika nahm Blut zu Hilfe, so wie es Homer in seinen Passagen über die Visionen des Odysseus beschreibt. Ihre Methode der Kristallomantie ähnelte der der alten Griechen. Hatte ein Stammesmitglied einen Dachs erlegt, wurde dieser von den älteren Stammesmitgliedern bis zur Nacht verwahrt und dann gehäutet. Sein Blut wurde in eine Schale gegossen, und die Kinder mußten darin im Mondlicht die Widerspiegelung ihrer Gesichter betrachten. Wenn sie sich selbst mit grauem Haar sahen, so bedeutete das ein langes Leben; war das Bild dunkel und verschwommen, so würde das Kind an einer Krankheit sterben; sah man überhaupt kein Bild, dann würde das Kind eines Tages von einem Feind getötet werden.

Die Afrikaner in Fez benutzen ein Gefäß mit Wasser, um Visionen zu sehen. Im heutigen Ägypten benützt man zu ähnlichen Zwecken eine Tintenpfütze. Dee Halde, der im frühen achtzehnten Jahrhundert China bereiste, berichtete, daß die taoistischen Seher in einen mit Wasser gefüllten Kelch blickten, um die Vorgänge im Reich zu beobachten. Die Zulus in Afrika verehrten ein Gefäß des Häuptlings, das mit Wasser gefüllt und dann zur Weissagung benutzt wurde. Die Schamanen im nördlichen Äquatorialafrika erstellten medizinische Diagnosen, indem sie in einen Wasserkessel blickten.

Der Stamm der Nkomis in Cap Lopez bedient sich der Kristallomantie auf besonders faszinierende Weise. Sie wird bei ihren Mannbarkeitsritualen eingesetzt. Der Initiand wird nach langer Fastenzeit in eine Hütte eingesperrt. Am einen Ende der Hütte steht eine Holzstatue, und darunter werden ein paar Knochen von einer schon lange verstorbenen Person plaziert. Vor der Statue ist ein Spiegel aufgestellt.

Der Initiand muß in den Spiegel blicken, bis er das Gesicht eines Mannes sieht. Sieht er es schließlich, so wird er angewiesen, es zu beschreiben. Wenn es ihm gelingt, jenen Verstorbenen zu beschreiben, dessen Knochen unter der Statue liegen, so kann er den nächsten Schritt der Initiation vollziehen.

Richard Evans Schultes und Albert Hoffmann, die beiden Chemiker, die das LSD entdeckten, erzählen in ihrem kürzlich veröffentlichten Buch über die medizinischen Eigenschaften von Pflanzen von einem westafrikanischen Stamm, der über den Einsatz von Pflanzen und einen Spiegel den Kontakt mit verstorbenen Verwandten aufrechterhält. Die betreffenden Personen verspeisen die Pflanze, *Iboga* genannt, in großer Menge und blicken dann in einen Spiegel.

Angehörige des Bwiti-Stammes erzählten Anthropologen, daß durch die Verbindung von Pflanze und Spiegel »der Kopf aufgebrochen« wird, so daß ihr Geist ins »Land der Toten« fortgetragen werden kann. Ein Stammesmitglied verfaßte ein kurzes Gedicht, das das Geschehen so genau schildert, wie es mit Worten überhaupt möglich ist:

Ich fand mich von ihm eine lange Straße entlang
  in einen tiefen Wald geführt,
bis ich zu einer Sperre aus schwarzem Eisen kam.
  An dieser unüberwindlichen Sperre
  sah ich eine Schar schwarzer Menschen,
  die sie auch nicht überwinden konnte.
In der Ferne ... war es sehr hell.
In der Luft sah ich viele Farben ...
Plötzlich schwebte mein Vater von oben herab
  in der Gestalt eines Vogels.
Er gab mir dann meinen Eboka-Namen
und ließ mich hinauffliegen ihm nach
  hinweg über die Sperre aus Eisen.

Aladins Spiegel, Numas Nymphen

Das Thema der Geister, die mit Hilfe eines Spiegels herbeibeschworen werden, hat auch die literarische Phantasie anderer Kulturen als der Griechenlands beflügelt. Mir ist nun klar, daß einige der Geschichten aus Tausendundeiner Nacht Schilderungen von Kristallvisionen enthalten. So ist zum Beispiel die Geschichte von Aladin und seiner Wunderlampe eine Geschichte der Geisterbeschwörung. Allerdings geht es hier nicht um die Beschwörung von Totengeistern, sondern von Geistern einer anderen Art – gewaltige Dämonen, Marid genannt. Ein solches furchteinflößendes Wesen konnte jener Person alle Wünsche erfüllen, die das Glück hatte, an der Lampe zu reiben, in der der Dämon eingesperrt war, und ihn so befreien.

Im Falle Aladins war es zunächst seine Mutter, die mit etwas Sand die Lampe abrieb, um sie zu säubern und zu polieren, damit sie beim Verkauf einen höheren Preis einbrachte. »Doch kaum hatte sie ein wenig an ihr gerieben, so erschien vor ihr ein Dämon, furchtbar anzuschauen, von breiter Gestalt, der einem Riesen der Vorzeit glich, und der redete sie an:

Sprich, was willst du von mir? Hier bin ich, ich bin dein Diener, ich bin der Diener dessen, der die Lampe in der Hand hält, doch nicht nur ich allein, sondern alle Diener der Wunderlampe, die sich in deiner Hand befindet!«

So voller Furcht war die Mutter Aladins, daß sie ihren Sohn bat: »Bei der Milch, die du von mir getrunken hast, wirf diese Lampe und den Ring fort.«

Es ist klar, daß Aladins Mutter durch das Polieren der Lampe eine spiegelnde Fläche herstellt, in der der Dämon als Vision erblickt werden kann. Dann scheint sich diese Erscheinung von der spiegelnden Fläche zu lösen und in der physischen Welt zu manifestieren.

In vergangenen Zeiten wurden Metallampen zur Weissagung benutzt, eine Praxis, die *Lampadomantie* genannt wurde. Ich selbst besitze eine alte Messinglampe aus Indien, die mit Walöl gefüllt wird, und kann mir von daher gut erklären, wie es zu einer solchen Tradition kam. Sie ist in poliertem Zustand ein exzellentes Medium für die Kristallomantie.

All das bringt mich zu der Annahme, daß das Bild vom Dämon, der einer Flasche entsteigt, sehr wahrscheinlich einer Kristallvision entstammt.

Im Zusammenhang mit Numa, dem zweiten König des alten Rom, finden sich in der römischen Mythologie Wesen, die man Nymphen nannte. Numa glaubte wie damals alle Römer an Wasserfeen, die kristallklaren Quellwassern entstiegen.

Es wird klar, daß es sich bei der von Augustinus erwähnten Egeria um eine Erscheinung der Kristallomantie handelt, wenn er in seinem Buch *De civitate Dei* davon schreibt, daß Numa, der nicht von einem Propheten Gottes unterwiesen worden war, der Hydromantie zum Opfer fallen mußte: Er ließ seine Götter (oder vielmehr Teufel) im Wasser erscheinen und sich von ihnen in bezug auf seine religiösen Institutionen instruieren.

Kristallomantie und keltische Mythen

Ein aus dem zwölften Jahrhundert stammendes keltisches Manuskript berichtet von einem Abenteuer im Leben des Lludd, ein König Britanniens in früher Zeit, wobei es darum ging, durch den Blick in einen Kessel lästige Drachen gefangenzunehmen. Diese Drachen stießen so grauenhafte Schreie aus, daß »die Männer erbleichten und ihre Kraft von ihnen wich, die Frauen Fehlgeburten erlitten, die Jungen und Mädchen den Verstand verloren und alle Tiere und Bäume und die Erde und die Gewässer ausdorrten.« Diese Drachen bedrohten die Zukunft des Reichs Lludds, und deshalb mußte er einen Weg finden, sie loszuwerden. Er beriet sich mit seinem Bruder, dem König von Frankreich, der ihm sagte, die Drachen könnten in einem Bottich mit Honigwein herbeibeschworen und dann in einem Tuch aus Seide eingefangen werden.

»Dann wickelst du sie sofort in das Tuch ein«, sagte Lludds Bruder, »und steckst sie in eine steinerne Truhe und begräbst diese in der Erde an dem Ort, der dir in deinem ganzen Königreich der sicherste zu sein scheint.«

Lludd folgte diesem Vorschlag, bedeckte den mit Honigwein gefüllten Bottich mit einem Tuch aus Seide und blickte hinein, bis die Drachen erschienen. Als sie dann schließlich im Seidentuch gefangen waren, entledigte er sich ihrer.

Diese Geschichte von Lludd bildet ein Glied in der Kette der fortwährenden Erzählungen vom Kessel, der auch in einer Schlüsselszene in Shakespeares *Macbeth* auftaucht, nämlich als die drei Hexen ein schauerliches Gebräu zusammenkochen, um in dessen sprudelnden Dämpfen Erscheinungen heraufzubeschwören.

In mittelalterlichen Quellen finden sich Rituale, um Geister erscheinen zu lassen und ihnen Informationen zu entlokken, die den Fragenden ansonsten nicht zugänglich wären. Oftmals dienten hier junge Knaben als Medien. Auch medizinische Manuskripte enthalten zuweilen Prozeduren zur Beschwörung von Totengeistern, was die Möglichkeit nahelegt, daß Ärzte diese anwandten. Es stellt sich die Frage, ob es sich hier nicht sogar um eine Art Trauertherapie handelte.

Einige dieser Techniken tauchen auch in Goethes berühmtem *Faust* auf, so Methoden der Kristallomantie, um einen Dieb ausfindig zu machen, außerkörperliche Reisen zu unternehmen und Krankheiten zu diagnostizieren. In einem Fall werden durch den Blick in ein mit Quellwasser gefülltes Glas neun Luftgeister herbeibeschworen.

Eine Art leibhaftiger Dr. Faustus lebte im achtzehnten Jahrhundert in der Gestalt des Grafen Cagliostro. Er lehrte die Menschen, in eine spiegelnde Fläche zu starren und dort Bilder und Gestalten zu sehen, was international als Sensation aufgenommen wurde. Ein Autor beschrieb, wie ihm Cagliostros Geist erschien und er mit ihm »in Kristallen und unter Glasglocken« eine Unterhaltung führte.

Ein Kristallomantiker namens 007

Die vielleicht faszinierendste Geschichte in diesem Zusammenhang ist die des John Dee, eines berühmten englischen Gelehrten und Erfinders zur Zeit Elisabeths I. 1527 geboren, schwor er sich, sein Leben dem Studium zu widmen, und so studierte er in jungen Jahren tagaus tagein. Dies machte sich bezahlt. Mit Anfang Zwanzig lehrte er bereits an vielen Universitäten, vor allem in Frankreich, wo man seine Absonderlichkeiten zu schätzen wußte.

Er war auch ein genialer Erfinder, wobei ihn seine Erfindungen gelegentlich in Schwierigkeiten brachten. Als seine Studenten eine der Komödien des Aristophanes zur Aufführung bringen wollten, beschloß Dee, ihr besonderen Glanz zu verleihen, indem er einen riesigen Käfer bastelte, der tatsächlich zu fliegen schien.

Die meisten Leute waren amüsiert, einige verspürten jedoch auch Angst. Die Abergläubischen im Publikum sprangen beim Anblick des Käfers auf und schrien »Zauberer!«

Sein Leben lang wurde er der Hexerei beschuldigt. Einmal riß ihm schließlich der Geduldsfaden, und er bat darum, vor Gericht gestellt zu werden, um die Sache ein für allemal zu bereinigen. Wie er in seiner Petition an den König schrieb, würde ein solcher Prozeß jene »geisteskranken, unbesonnenen, gehässigen und hochmütigen Landsleute« widerlegen, die ihm das Leben so schwer machten. Er sagte sogar, er hätte nichts dagegen, gesteinigt zu werden, könnte der Beweis dafür erbracht werden, daß er ein Zauberer oder »Beschwörer von Teufeln« sei.

Er war schon in seinen Zwanzigern nicht nur ein international anerkannter Gelehrter, sondern auch ein Experte für navigatorische Techniken und Ausrüstungsgegenstände. Er verfaßte eines der mathematischen Standardwerke und erfand ein Gerät, das den Seeleuten das Lesen von Seekarten erleichterte.

Er pflegte Umgang mit Königin Elisabeth, für die er als eine Art persönlicher Geheimagent arbeitete. Man erzählt sich, daß sie von seinen Augen fasziniert war und ihm den Spitznamen »Augen« gab. Entsprechend unterzeichnete er seine geheimen Mitteilungen an sie mit zwei Kreisen, die die Augen symbolisierten, und einer Markierung über und neben den beiden Kreisen, die der Zahl Sieben ähnelte, vielleicht um seine Wertschätzung dieser Glückszahl zu signalisieren. Das Ganze sah dann etwa so aus wie 007, der Kodename für den James Bond unserer Tage, ebenfalls im Dienste Ihrer Majestät als Geheimagent tätig.

Als Dee einige Artefakte studierte, die die Spanier aus Mexiko mitgebracht hatten, entdeckte er einen Obsidianspiegel, den die Azteken offensichtlich zur Weissagung benutzt hatten. Zu seiner Überraschung stellte er fest, daß er selbst Erscheinungen darin sehen konnte, und bald machte er sich diese Entdeckung bei seiner Arbeit für die Königin zunutze. Sie selbst besuchte ihn sogar einmal in seinem Haus, um sich diesen außergewöhnlichen Spiegel anzusehen.

Seine Behausung war in der Tat eine Kombination aus Museum, Bibliothek und Bewußtseinsforschungszentrum, wo er eine Anzahl von Raritäten und eine der besten Buchsammlungen des Landes aufbewahrte. Doch trotz seiner Verbindungen zum Königshaus und seines hohen Ansehens in der akademischen Welt galt er bei den ungebildeten Massen Londons als Zauberer. Und einige eifersüchtige Angehörige des königlichen Hofs stachelten diese abergläubischen Menschen zum Aufruhr gegen ihn auf. Sie brannten sein Haus nieder, während er im Ausland weilte. Es gibt einen Bericht, dem zufolge Dee in der Ferne seine Bücher in Flammen aufgehen sah, das heißt, er sah Bilder von diesem Ereignis in seinem Obsidianspiegel. Demselben Bericht ist zu entnehmen, daß er die Sache mit stoischer Gelassenheit trug, da er ohnehin nichts dagegen unternehmen konnte.

Dee hatte in dem Haus, das zerstört wurde, einen Raum eingerichtet, der seinen Kristallvisionen vorbehalten war. Und er hatte sorgsam in einem ausführlichen und detaillierten Manuskript, das uns nur noch zum Teil erhalten ist, all diese Visionen festgehalten. Darin beschreibt er Geister, die erst im Spiegel und dann tatsächlich im Raum in Erscheinung traten.

Einer dieser Geister, eine junge Frau namens Madimi, tauchte regelmäßig auf und schien dann im Zimmer herumzuwandern. Dee berichtet auch, daß diese Wesen sprachen und sich mit ihm unterhielten. Eines dieser Geschöpfe, die Dee selbst als Engel bezeichnete, übermittelte ihm folgende Weisheit: »Unwissenheit war die Nacktheit, mit der ihr zuerst gepeinigt wurdet, und diese erste Plage, die den Menschen befiel, war der Mangel an Wissenschaft; ... der Mangel an Wissenschaft hindert euch an der Kenntnis von euch selbst.«

Die Wissenschaftler haben Dees Berichte schon lange als unwahr abgetan, aber ich bin der Ansicht, daß er Weisheiten und Wesen aus den Tiefen des Unbewußten heraufbeschwor.

Dee selbst glaubte allerdings nicht, daß es das war, was er tat. Dieser große Wissenschaftler unternahm alles, was in seiner Macht stand, um zu Gott zu gelangen. Er hoffte, durch die Kommunikation mit den Engeln die Katholiken und Protestanten unter dem Banner eines christlichen Glaubens wieder vereinen zu können, nämlich dem der universellen Liebe. Trotz der Warnungen von seiten der Führer beider Kirchen, daß er nahe daran sei, als Ketzer verurteilt zu werden, veröffentlichte er weiterhin seine Gespräche mit den Engeln.

Seine Annahme, daß es Engel seien, mit denen er sich dank seines Obsidianspiegels unterhielt, half ihm bei Hofe nichts, als James I. 1603 die Nachfolge Elisabeths antrat. Dieser war allergisch gegen alles, was nach Hexerei roch. Da Dee ein so treuer Diener Königin Elisabeths gewesen war, ignorierte

James zwar die Anschuldigungen, die Mitglieder des Klerus gegen ihn vorbringen wollten, aber er verbannte ihn vom königlichen Hof.

Von seinen wissenschaftlichen Kollegen geächtet, starb der geniale John Dee 1608. Seine Tochter sorgte in den letzten Tagen für ihn, wobei sie zuweilen gezwungen war, seine kostbaren Bücher zu verkaufen, um Geld für das Essen aufzutreiben.

Nach seinem Tod verschwand das sorgfältig verfaßte Manuskript über seine Arbeit mit der Kristallomantie. Nach Jahrzehnten tauchte es im Laden eines Londoner Fischhändlers wieder auf, der seine Fische in das Manuskriptpapier einzuwickeln pflegte. So wäre uns dieses Werk vielleicht für immer verlorengegangen, hätte es nicht ein Akademiker entdeckt, der die Gewohnheit hatte, das Papier zu studieren, in das seine Fische eingewickelt waren.

Präsidenten und Kristallvisionen

Auch ein Präsident fand Erhellung durch eine Kristallvision. In der Nacht der schicksalhaften Wahl von 1860 legte sich Abraham Lincoln erschöpft auf ein Sofa. Plötzlich sah er sich in einem nahen Spiegel in seltsamer doppelter Gestalt, die eine, so wie er war, die andere bleich und gespenstisch aussehend.

Lincoln erzählte seiner Frau Mary von seiner Vision, und die First Lady deutete sie folgendermaßen: Er würde wiedergewählt werden, aber im Amt sterben. Seine Vision sowie ihre Interpretation erwiesen sich als prophetisch.

Es überrascht, daß angesichts des allgemein verbreiteten Wunsches nach einer Wiederbegegnung mit verstorbenen geliebten Menschen die Fähigkeiten zur Ausübung der Kristallomantie fast verschwunden sind. Ein Grund dafür scheint zu sein, daß die professionell Praktizierenden ihre Techniken geheimhielten.

Die Tatsache, daß in Ephyra nach der Beschwörung von Geisterscheinungen eine Räucherung und ein rituelles Bad vorgenommen wurden, zeugt davon, daß die Betreuer, wer immer sie auch waren, wußten, daß die betreffenden Personen anschließend ein »Verarbeitungs«-Ritual brauchten, um leichter in die Realität zurückzufinden.

Die rührende Geste der Totenbeschwörerin von En-Dor, die Saul Essen reichte, bevor er sie verließ, zeigt, daß auch sie um die Notwendigkeit der Tröstung und Umsorgung nach solchen Erfahrungen wußte.

Ein weiterer Faktor ist die Unterdrückung durch religiöse Institutionen. Sie haben aufgrund ihrer rigiden Ideologien ein Interesse daran, die Menschen davon abzuhalten, nach authentischen, persönlichen Erfahrungen im spirituellen Bereich zu streben. Und da uns die Kristallomantie einen Zugang zum spirituellen Universum eröffnet, haben die Führer der verschiedensten Religionen (nicht nur des Christentums, sondern auch anderer Staatsreligionen) diese Praxis in den Untergrund verbannt. Viele Religionen haben ihre Liebe zur Menschheit dadurch bezeugt, daß sie solche Missetäter auf dem Scheiterhaufen verbrannten oder auf andere Weise eliminierten.

Wichtig ist hier anzumerken, daß die Gesellschaft stets mit jenen hart verfährt, die den allgemeinen Konsens zu stören drohen. Und es gibt wenige Prinzipien des menschlichen Lebens, ob nun im Erkenntnis- oder im sozialen Bereich, die unantastbarer sind als die Vorstellung, daß eine unüberbrückbare Kluft zwischen der Welt der Lebenden und dem Reich der Toten besteht. Diejenigen, die diese Grenze überschreiten, müssen sich auf sehr strenge Überprüfungen gefaßt machen.

Geschichtliche Fehlinformationen

Es ist sehr wahrscheinlich, daß einige Falschmeldungen als Fakten dargestellt und ausgestreut wurden, um die Menschen von Orten fernzuhalten, an denen Totengeister heraufbeschworen wurden. Oder es kann auch sein, daß Möchtegern-Seelenführer die Techniken nicht verstanden und versuchten, etwas vorzutäuschen. Hier gibt es einen Hinweis in den Werken des Hippolytus, einem Bischof im Rom des zweiten Jahrhunderts, der bemüht war, die verschiedenen okkulten »Häresien« zu verdammen:

> Und auch werde ich nicht schweigen und die Schurkenstreiche jener Zauberer respektieren, die mit Hilfe eines Kessels weissagen. Sie bedecken die Decke und Wände eines geschlossenen Raums mit Zyanid [einer dunkelblauen Farbe]. Der mit Wasser gefüllte Kessel wird in der Mitte des Raums aufgestellt, und der Widerschein des Zyanids erweckt den Eindruck des Himmels. Aber im Boden befindet sich eine verborgene Öffnung, auf die der Kessel plaziert wird. Der Kessel ist aus Stein, doch sein Grund aus Kristallglas gefertigt. Darunter aber, von den Beobachtern unbemerkt, befindet sich eine Kammer, in der sich die Komplizen versammeln, gewandet als Gestalten von Göttern und Dämonen, die der Magier zur Schau zu stellen wünscht.

Es gibt viele Gründe, warum manche Menschen – vor allem solche, die in bestimmten Institutionen und Berufen tätig sind – die Kristallomantie unterdrücken möchten. Diese

Gründe reichen von fundamentalistischem Eifertum bis zur Angst vor Aberglaube.

Damit möchte ich nicht sagen, daß alle Kristallomantiker ehrliche Seelen waren, die nur gute Absichten hegten. In diesem Bereich gab es Betrügereien wie in jedem anderen auch, von den Medizinern bis hin zu den Klempnern.

Sollen wir etwas Nützliches abtun, nur weil ein paar Menschen es mißbraucht haben oder weil es der Hauptrichtung gesellschaftlicher Meinung nicht entspricht? Ich glaube nicht. Die Geschichte hat den Wert der Kristallomantie wie auch ihre Mängel aufgezeigt, und ebenso die Bereitschaft einiger Menschen, für das zu kämpfen, woran sie glauben.

Mir kommt der trotzige und stoische John Dee in den Sinn. Er forderte die Bürger Englands heraus, ihn doch der Hexerei anzuklagen. Er wurde sogar sechs Monate eingekerkert wegen »gottloser, eitler Praxis der Beschwörung«. Und dennoch ließ er sich nicht davon abhalten, weiterhin in seinen Obsidianspiegel zu blicken und Berichte von den Geistern, denen er in dessen klarer Tiefe begegnete, tapfer niederzuschreiben.

Man fragt sich, warum eine so starke intellektuelle Kraft des Elisabethanischen Englands es riskierte, ihren Ruf auf diese Weise aufs Spiel zu setzen. Machte es sein Leben nicht sehr viel schwieriger? Ja, das tat es. Aber er strebte nach umfassendem Wissen und danach, soviel von sich selbst und seiner Umwelt zu verstehen, wie er nur irgend konnte. Daß man ihn lächerlich machte, bedeutete einem Mann wie ihm offensichtlich wenig, einem Mann, der in seinem Tagebuch notierte: »Ich möchte und muß an erster Stelle in Wahrheit und Aufrichtigkeit gestehen, daß das Ziel, das ich mir selbst setze, nicht das der Befriedigung der Neugier ist, sondern Gutes zu tun.«

3. *Ein modernes Psychomanteum*

> Die am Tage träumen, wissen um viele Dinge, die jenen entgehen, die nur nachts träumen.
>
> Edgar Allan Poe

Nachdem ich die Rolle der Kristallomantie in der Vergangenheit erforscht hatte, beschloß ich, den Versuch zu unternehmen und zu sehen, ob ich nicht Begegnungen mit Verstorbenen herbeiführen konnte, ganz ähnlich dem, was die alten Griechen getan hatten.

Ich dachte mir eine Prozedur aus, durch die meiner Ansicht nach Erscheinungen von Toten unter den Lebenden herbeibeschworen werden konnten. Aber brachte die Durchführung dieser Prozedur auch keine Risiken mit sich? Ich zog Dr. William Roll zu Rate, einer der weltweit führenden Experten auf dem Gebiet der Geisterscheinungen von Verstorbenen. Er sagte mir, daß ihm nie ein Fall untergekommen sei, bei dem jemandem durch eine solche Erscheinung Leid widerfahren wäre. Vielmehr hätte er im Gegensatz zu dem Bild, das in Horrorfilmen und Büchern vermittelt wird, festgestellt, daß solche Erlebnisse insofern wohltuend seien, als sie die Trauer minderten oder ihr sogar ein Ende setzten.

Zunächst mußte eine besondere Art von Umgebung hergestellt werden, in der die Prozedur vonstatten gehen konnte. Dazu wandelte ich als erstes den oberen Stock meiner alten Getreidemühle in Alabama in ein Psychomanteum um, also in eine moderne Version jener Stätten im alten Griechenland, die dem Zweck der Beschwörung von Totengeistern dienten.

Einer der Räume wurde zur »Kammer der Erscheinungen« umgestaltet. Am einen Ende wurde ein etwa ein Meter zwanzig hoher und ein Meter breiter Spiegel so an der Wand befestigt, daß er mit seiner Unterkante neunzig Zentimeter über dem Fußboden hing.

Ein bequemer Sessel, bei dem die Beine entfernt worden waren, wurde in etwa neunzig Zentimeter Entfernung vom Spiegel aufgestellt, wobei sich seine Kopfstütze in etwa neunzig Zentimeter Höhe über dem Boden befand. Zudem war er leicht nach hinten geneigt, was nicht nur für Bequemlichkeit sorgte; damit sollte auch verhindert werden, daß die jeweiligen Personen ihr eigenes Spiegelbild reflektiert sahen. Der Neigungswinkel bewirkte eine klare Tiefensicht, und im Spiegel reflektierte sich nichts außer dem Dunkel hinter der Person, die in ihn hineinschaute. Er war sozusagen ein kristallklarer Teich der Dunkelheit.

Um diese Dunkelheit auch sicherzustellen, wurde an der Decke eine oval verlaufende Vorhangschiene angebracht, von der ein schwarzer Samtvorhang herabfiel und Spiegel und Sessel gleichsam wie eine Kabine umschloß. Innerhalb dieser Kabine war direkt hinter dem Sessel eine kleine Lampe aus farbigem Glas mit einer 15-Watt-Birne installiert. Wenn alle anderen Lichter ausgeschaltet waren und wegen der Rollos und schweren zugezogenen Vorhänge kein Licht von draußen hereindringen konnte, bildete diese Lampe die einzige Lichtquelle im Raum.

Nachdem ich auf diese Weise eine ideale Umgebung für

mein Vorhaben geschaffen hatte, konnte ich nun darangehen, meine Theorien in der Praxis zu überprüfen.

Die anfänglichen Studien

Die Frage, die ich mir anfänglich stellte, war eine ganz einfache: War es möglich, daß ganz normale und gesunde Menschen durchgängig Erscheinungen von geliebten verstorbenen Personen heraufbeschwören konnten? Zur Beantwortung dieser Frage versammelte ich zehn Testpersonen, die bereit waren, die für dieses Experiment nötige Zeit zu opfern.

Wie bei den meisten Studien dieser Art wählte ich meine Testpersonen nach bestimmten Kriterien aus:

- Es mußten erwachsene Menschen sein, die sich für das menschliche Bewußtsein interessierten.
- Sie mußten emotional stabil und wißbegierig sein und sich artikulieren können.
- Keine dieser Personen durfte emotionale oder mentale Probleme haben, damit das Risiko einer negativen Reaktion weitmöglichst ausgeschaltet wurde.
- Keine dieser Personen durfte irgendwelchen okkulten Ideologien anhängen, da solche Neigungen die Analyse der Resultate komplizieren konnten.

Ich nahm mit einer Reihe mir bekannter Personen Kontakt auf, die diesen Kriterien entsprachen. Darunter waren Therapeuten, Psychologen, Ärzte, Studenten höherer Semester und Personen, die in anderen Berufen tätig waren.

Das Projekt wurde allen Beteiligten in allen Einzelheiten erläutert. Ich sagte ihnen, daß wir versuchen würden, die Erscheinung einer verstorbenen Person heraufzubeschwören, die ihnen sehr nahegestanden hatte und die sie gerne wiedersehen würden. Sie wurden dann gebeten, einige Erinnerungsstücke herauszusuchen, die der verstorbenen Person gehört hatten und starke und ergreifende Assoziationen hervorriefen. Diese Gegenstände sollten sie zu ihrer Sitzung mitbringen.

Dann vereinbarte ich einen Termin mit ihnen, wobei ich sicherstellte, daß ich mich immer nur mit einer Testperson auf einmal befaßte. Jede wurde gebeten, sich am festgesetzten Tag um zehn Uhr morgens bei mir einzufinden und die Erinnerungsstücke sowie – sofern vorhanden – auch Fotoalben nicht zu vergessen. Zudem sollten sie sich bequem kleiden und bequeme Schuhe tragen.

Ein leichtes Frühstück war in Ordnung, doch sollten sie keinen Kaffee, Tee oder andere koffeinhaltige Getränke zu sich nehmen.

Wenn die Testperson dann eintraf, unternahmen wir einen Spaziergang und erkundeten dabei das Motiv für den Wunsch, die verstorbene Person wiederzusehen. Ich erklärte jedem, daß es natürlich keine Erfolgsgarantie gäbe, was ja die Wahrheit war. Ich konnte nicht versprechen, daß die Testperson eine Erscheinung sehen würde, doch hatte ich noch einen anderen, subtileren Grund dafür. Ich wollte jeden vom Druck befreien, Erfolg haben zu müssen, denn der konnte Ängste auslösen und so die Chancen mindern, daß es zu einer Begegnung kam.

Nach dem Spaziergang nahmen wir eine leichte Mahlzeit zu uns: Suppe, Salat, Obst und Fruchtsaft oder koffeinfreie Erfrischungsgetränke. Dann ließen wir uns zu einem ausführlichen Gespräch nieder und sprachen in allen Einzelheiten über die verstorbene Person und die Beziehung, die zwischen beiden bestanden hatte. Wir nahmen den Charakter des

Verstorbenen, seine Erscheinung, seine Gewohnheiten – praktisch jeden Aspekt seiner Persönlichkeit unter die Lupe.

Gewöhnlich brachte die Testperson wichtige und bewegende Erinnerungen zur Sprache. Während der Unterhaltung lagen auch die Erinnerungsstücke zwischen uns beiden auf dem Tisch, die von der Testperson oft in die Hand genommen wurden. Zuweilen handelte es sich um sehr rührende Dinge. Ein Mann brachte die Anglerausrüstung seines Vaters mit und eine Frau den Hut ihrer Schwester. Über diese Gegenstände wurde eine sehr spezielle und greifbare Beziehung mit der verstorbenen Person hergestellt.

Ich ließ etwa die Hälfte meiner Testpersonen auf einem Bett niederliegen, bevor sie sich in die Kabine mit dem Spiegel begaben. Einer meiner Mitarbeiter hatte diese bequeme und mit Lautsprechern ausgerüstete Liege angefertigt. Mit Hilfe der körperlich empfundenen Schwingungen der Musik konnte man sich dort in einen Zustand tiefer Entspannung versetzen.

Diese vorbereitenden Maßnahmen dauerten bis zur Abenddämmerung. Dann wurde die Testperson zur Kabine begleitet, die kleine Lampe angeknipst und alle anderen Lichtquellen ausgeschaltet. Die Testperson wurde angewiesen, tief in den Spiegel zu sehen, sich zu entspannen und sich mit ihren Gedanken ausschließlich auf die verstorbene Person zu konzentrieren. Sie konnte so lange in der Kabine bleiben, wie sie wollte, aber sie wurde gebeten, keine Uhr zu tragen, damit sie nicht versucht war, nach der Uhrzeit zu sehen.

Ein Betreuer saß während der ganzen Sitzung in einem Nebenraum, um notfalls Beistand zu leisten. Wenn die Testperson dann wieder aus der Kabine auftauchte, wurde eine ausführliche Sitzung zur Verarbeitung der Geschehnisse abgehalten. Sie konnte ihren Gefühlen nachgehen und so lange über ihre Erfahrung sprechen, bis sie meinte, daß nun alles gesagt sei. Manchmal dauerten diese Sitzungen über eine Stunde. Es war mir wichtig, nicht einzugreifen oder zur Eile zu drängen. Die Sitzung war erst vorbei, wenn die Testperson das Ende signalisierte.

»Was ich da gesehen habe, das war echt«

Typisch war der Fall eines Mannes, der seine verstorbene Mutter sehen wollte. Er sprach mich nach einem Vortrag über die Möglichkeiten der Kristallomantie an, den ich in New Jersey gehalten hatte.

Er erzählte mir, daß seine Mutter im letzten Jahr dahingegangen sei und daß er sie sehr vermißte. Sein Vater war gestorben, als er noch klein war, und seine Mutter hatte allein für ihn sorgen müssen. In der Folge hatte er eine ungewöhnlich enge Bindung an sie entwickelt, und seit ihrem Tod empfand er eine tiefe Trauer.

Ich erkundigte mich nach seinen persönlichen Lebensumständen. Er war Mitte vierzig und hatte eine leitende Position in einer staatlich anerkannten Firma für Rechnungswesen in New York. Er war nie wegen irgendwelcher psychischer Probleme behandelt worden.

Ich hielt ihn im Rahmen meines Forschungsprojekts für eine ausgezeichnete Testperson. Nicht nur verstand er die Prozedur und war bereit, sich auf dieses Experiment einzulassen, er erfüllte auch die von mir aufgestellten Kriterien.

Als er mich fragte, ob er zu mir kommen und einen Tag mit mir verbringen könnte, war ich sehr auf ihn gespannt. Als er dann eintraf, folgten wir dem oben skizzierten Protokoll. Am

Morgen unternahmen wir einen langen Spaziergang und sprachen über seine Motive. Ich habe immer festgestellt, daß körperliche Bewegung ein ausgezeichnetes Mittel zur Freisetzung der Gedanken ist. Es gibt sogar einige Psychologen, die das Gehen und Rennen zum Bestandteil ihrer regulären Therapiemethoden gemacht haben. Und so erging es auch ihm. Wir gingen, und allmählich erzählte er mir Geschichten über seine Mutter. Er war sichtlich bewegt, als er mir einiges über die Opfer erzählte, die sie als alleinerziehende Mutter gebracht hatte.

»Gegen Ende ihres Lebens war sie sehr krank«, berichtete er. »Ich denke, einer der Gründe, warum ich sie sehen will, ist der, daß ich sicher sein will, daß sie jetzt da, wo immer sie auch ist, glücklich ist.«

Nach dem Mittagessen sahen wir uns die Fotoalben an, Bild um Bild von ihm und seiner Mutter über all die Jahre hinweg, in denen sie beide immer älter geworden waren. Die frühen Bilder zeigten eine robuste und glückliche, aber die Fotos am Ende des Albums eine von Alter und Krankheit schwer gezeichnete Frau. Auf einigen Bildern hielt der Mann sein Gesicht eng an das seiner Mutter gepreßt. Obgleich er lächelte, war deutlich zu sehen, wie stark er unter ihrem sich zunehmend verschlechternden Zustand litt.

Wir sahen uns auch seine mitgebrachten Erinnerungsstücke an. Ein Pullover, den sie gegen Ende ihres Lebens getragen hatte, und einen Hut aus früheren Jahren.

»Kleidung weckt Erinnerungen«, sagte er, um die Wahl dieser Gegenstände zu erklären. »Ich wollte etwas mitbringen, das mich daran erinnert, wie sie sich anfühlte und auch wie sie sich bewegte.«

Am Abend begleitete ich ihn zur Kabine und erklärte ihm die Prozedur. Dann ließ ich ihn allein. Eine knappe Stunde später tauchte er wieder auf. Ein breites Lächeln war auf seinem Gesicht zu sehen, und die Tränen rannen ihm über die Wangen. Das, was geschehen war, hatte ihn in Hochstimmung versetzt, sagte er. Dann ließen wir uns in meinem Büro nieder, und er berichtete:

»Es gibt keinen Zweifel, daß die Person, die ich im Spiegel gesehen habe, meine Mutter war! Ich weiß nicht, woher sie kam, aber ich bin überzeugt, daß das, was ich gesehen habe, wirklich meine Mutter war. Sie blickte aus dem Spiegel auf mich. Ich konnte nicht erkennen, was sie anhatte, sah aber, daß sie in ihren späten Siebzigern war, etwa in dem Alter, in dem sie starb. Aber sie sah gesünder und glücklicher aus als gegen Ende ihres Lebens.

Ihre Lippen bewegten sich nicht, aber sie sprach zu mir, und ich konnte ganz deutlich verstehen, was sie mir zu sagen hatte. Sie sagte: ›Mir geht's gut‹, und sie lächelte glücklich.

Ich blieb so entspannt, wie ich nur konnte, und sah sie einfach an. Ich hatte ein kribbelndes Gefühl in den Händen und merkte, daß sich mein Herzschlag beschleunigte. Dann beschloß ich, etwas zu ihr zu sagen. ›Es ist schön, dich wiederzusehen‹, sagte ich. ›Es ist schön, dich wiederzusehen‹, erwiderte sie. Und das war's. Sie verschwand einfach.«

Dieses Erlebnis erleichterte ihn. »Das, was ich da gesehen und gehört habe, sagt mir, daß sie keine Schmerzen mehr hat, so wie in ihren letzten Tagen. Schon das allein befreit mich von einem großen Druck.«

Der Mann war sicher, seine Mutter im Spiegel gesehen zu haben, konnte aber nicht erklären, woher die Gestalt kam. Vielleicht war es eine Art Erinnerung, oder vielleicht war es tatsächlich der Geistkörper seiner Mutter. Diese Frage konnte er nicht beantworten. »Ich weiß nicht, was diese

Erscheinung verursachte, aber ich weiß, daß ich meine Mutter gesehen habe«, sagte er.

Überraschende Resultate

Ich ging, noch bevor auch nur eine einzige Testperson durch eine der Kristallvision-Sitzungen geleitet worden war, davon aus, daß nur ein kleiner Prozentsatz – vielleicht eine von zehn Personen – eine Erscheinung sehen würde. Auch glaubte ich, daß sie alle ihre Zweifel an der »Realität« der Begegnung haben und sich fragen würden, ob das, was da geschehen war, »Wirklichkeit« war oder sich nur »in ihrem Geist« abgespielt hatte.

Das Bild, das sich aus den Tests ergab, unterschied sich dann allerdings dramatisch von meinen ursprünglichen Vorstellungen. Nachdem ich zehn Personen durch diese Prozedur begleitet hatte, wurde mir klar, daß es durchaus möglich ist, jene verbreitete menschliche Erfahrung, nämlich Erscheinungen von Verstorbenen zu sehen, bewußt herbeizuführen. Als ich später Verbesserungen an meinem Ambiente und meiner Technik vorgenommen hatte, erzielte ich sogar noch bessere Ergebnisse. Doch noch heute blicke ich bewundernd und staunend auf jene ersten Fallstudien zurück.

»Laß meine Mutter wissen, daß es mir gutgeht«

Eine meiner liebsten Testpersonen dieser ersten Studie war ein Arzt von der Westküste, der gerne seiner verstorbenen Tante wiederbegegnen wollte. Statt dessen fand aber eine unerwartete Begegnung mit seinem verstorbenen Neffen statt. Dieses Erlebnis brachte ihn in eine etwas unangenehme Situation. Obgleich es sich hier nur um eine auditive Erfahrung handelte, war der Mann doch fest davon überzeugt, daß er mit dem Jungen gesprochen hatte. Hier ist sein Bericht:

»Als ich in der Kabine saß, hatte ich wirklich keinerlei Pläne, meinen Neffen zu treffen. Ich saß, wie mir schien, eine sehr lange Zeit da. Ich bemühte mich angestrengt, eine Vision zu haben, aber es passierte nichts von Bedeutung. Plötzlich hörte ich auf, mich darum zu bemühen. Ich lehnte mich einfach zurück und entspannte mich und dachte bei mir: ›Na gut, ich werde wohl keine Erscheinung sehen können.‹

Plötzlich hatte ich das sehr starke Gefühl, daß mein Neffe, der sich umgebracht hatte, anwesend war. Ich stand ihm, der nach meinem Vater und mir benannt worden war, sehr nahe.

Also, ich hatte dieses sehr starke Gefühl, daß er anwesend war, und ich hörte seine Stimme klar und deutlich. Er sprach zu mir. Er begrüßte mich und übermittelte mir eine sehr einfache Botschaft. Er sagte: ›Laß meine Mutter wissen, daß es mir gutgeht und daß ich sie sehr liebe.‹

Es war eine sehr tiefe Erfahrung. Ich weiß, daß er da war. Ich sah nichts, aber ich spürte ihn, ich spürte seine Anwesenheit. Die Stimme war anders als etwa ein Gedanke in mir, und sie war auch nicht genau so, wie wenn man normalerweise eine Stimme hört. Es ist, wie wenn geistig zu dir gesprochen wird. Ich kann nicht genau sagen, was es ist, aber ich kann sagen, was es nicht ist. Es ist eine Art von Kommunikation. Ich bin mir ganz sicher, daß ich mit meinem Neffen kommuniziert habe.«

Diese Begegnung brachte den Arzt in ein gewisses Dilemma. Er war ganz sicher, daß er sich in der Gegenwart seines verstorbenen Neffen befunden hatte. Und er fühlte sich auch verpflichtet zu tun, was er versprochen hatte, nämlich die

Botschaft seines Neffen an seine Schwester weiterzugeben. Aber er war sich nicht sicher, wie seine Schwester darauf reagieren würde und ob sie nicht glauben würde, daß er den Verstand verloren hatte.

Er sagte mir, daß er versuchsweise das Thema zur Sprache bringen und ihr erzählen wolle, daß er einen äußerst lebhaften Traum gehabt hätte. Als ich mich acht Monate später wieder mit ihm unterhielt, berichtete er mir, daß er sich entschieden hatte, seiner Schwester die Wahrheit zu erzählen. Und es hätte sich herausgestellt, daß sie sehr viel Verständnis für sein Erlebnis zeigte.

»Er hat mich umarmt«

Eine Frau kam zu mir, um ihren verstorbenen Großvater wiederzusehen. Sie hatte ein Fotoalbum mitgebracht und sprach, während sie es durchblätterte, ganz offen über ihre Liebe zu ihm. Und als sie sich dann in die Kabine begab, erwartete sie hoffnungsvoll, ihn zu sehen. Auf das, was sich anschließend ereignete, war allerdings keiner von uns beiden gefaßt. Nicht nur sah sie ihren Großvater und sprach mit ihm, sondern er trat, als sie zu weinen anfing, aus dem Spiegel heraus, um sie zu trösten.

»Ich war so glücklich, ihn zu sehen, daß ich zu weinen anfing. Durch den Schleier meiner Tränen konnte ich ihn noch immer im Spiegel sehen. Dann schien er näherzukommen, und er muß aus dem Spiegel herausgetreten sein, denn als nächstes umfaßte und umarmte er mich. Ich hatte das Gefühl, daß er so etwas sagte wie: ›Es ist ja alles gut, weine nicht.‹

Und dann war er plötzlich verschwunden. Ich kann noch immer

seine Berührung spüren. Ich fühle mich auch innerlich warm, so als ob mich jemand umarmt hätte.

Es war großartig, ihn wiederzusehen. Er war glücklich, und das ist gut. Auch wenn ich ihn vermisse, ist es doch schön zu wissen, daß er da, wo er ist, glücklich ist.«

Daß sie tatsächlich die Umarmung ihres Großvaters gespürt hatte, überraschte mich, obgleich die parapsychologische Forschung viele Fälle taktiler Begegnungen mit Geistern kennt. Nach einer Studie waren 13 Prozent der Begegnungen mit Verstorbenen taktiler Art, was heißt, daß die Person die Präsenz fühlte oder spürte. Typisch sind hier die Fälle von Witwen, die oft nachts oder morgens, wenn sie im Bett liegen, die Präsenz ihres verstorbenen Mannes fühlen. Ich war zwar mit der wissenschaftlichen Literatur über das »fühlende« Wahrnehmen von Geistern vertraut, hatte aber nicht erwartet, daß meine Testpersonen eine solche Erfahrung machen würden. Nicht nur diese Frau, sondern auch andere hatten ein solches Erlebnis.

»Wie du lebst, ist es richtig«

Eine südamerikanische Frau, die in der Hoffnung kam, ihren verstorbenen Ehemann wiederzusehen, hatte eine auditive Vision. Erst Anfang Vierzig war er im Jahr zuvor an einem Herzinfarkt gestorben.

Am Morgen seines Todes war er mit starken Schmerzen in der Brust ins Krankenhaus gegangen. Die Ärzte hatten eine Reihe von medizinischen Standardtests durchgeführt, aber nichts an seinem Herzen gefunden. Danach hatten sie ihn entlassen, und er war wieder nach Hause gegangen. Als er und seine Familie sich ein paar Stunden später zum Abendessen niederließen, faßte er sich plötzlich an die Brust und sank tot zu Boden.

Die Frau war auf den Verlust ihres Mannes nicht vorbereitet und mußte nun plötzlich allein ihre vier Kinder ernähren.

Wir sprachen darüber, was sie sich von dieser Wiederbegegnung erhoffte. Hauptsächlich, sagte sie, wolle sie sich vergewissern, daß es ihrem Mann in seinem Nachleben gutginge. Auch wolle sie wissen, ob er die Art und Weise, wie sie die Familiengeschäfte führte, gutheiße. Ihr Leben war, jetzt da sie alle Pflichten einer Witwe und alleinerziehenden Mutter erfüllen mußte, außerordentlich hektisch geworden. Man sah ihr den Streß an, als sie von ihrem Leben ohne ihren Mann erzählte. »Ich weiß nie, ob ich das Richtige tue, aber ich kann auch nicht langsamer machen und darüber nachdenken«, berichtete sie. »Ich kann mich auch nicht entspannen. Ich war bei Therapeuten und Ärzten, aber die konnten mir auch nicht helfen.«

Nach den üblichen Vorbereitungsprozeduren führte ich sie zur Kabine. Danach berichtete sie folgendes:

»Ich sah viele Wolken und Lichter und Bewegungen, die von einer Seite des Spiegels zur anderen gingen. In den Wolken waren auch Lichter, die ihre Farbe veränderten. Einen Moment lang glaubte ich, ihn zu sehen. Aber so ist es dann doch nicht gekommen.

Statt dessen spürte ich plötzlich seine Präsenz. Ich sah ihn nicht, aber ich wußte, daß er direkt neben mir stand. Dann hörte ich ihn sprechen. Er sagte: ›Mach weiter so, wie du lebst ist es richtig, und du erziehst die Kinder richtig.‹

Dann sahen wir im Spiegel Dinge aus unserem gemeinsamen Leben. Wir erlebten sie noch einmal. Zum Beispiel konnte ich ihn im Kreißsaal sehen, als er bei der Geburt eines unserer Kinder dabei war. Ich war damals so glücklich, ihn da zu haben, und jetzt war es so, als ob wir das Ganze noch einmal durchlebten. Ich sah auch viele andere Dinge, die wir gemeinsam unternommen hatten, und war so glücklich, sie jetzt noch einmal vor mir zu sehen, so glücklich, wie ich mit ihm gewesen war.

Hatte ich Angst? Nein, die hatte ich überhaupt nicht. Im Gegenteil: Ich war entspannter, als ich es je seit seinem Tod gewesen bin. Ich wußte, daß nichts Schlimmes passieren würde. Ich war mit meinem Mann zusammen, wie konnte da etwas Schlimmes passieren?

Ich habe gefühlt, daß er dieses ganze letzte Jahr bei uns war. Ich weiß, daß er gestorben ist, denn ich habe es ja miterlebt, aber ich hatte doch das Gefühl, daß er bei uns war. Doch habe ich seine Gegenwart nie so stark gespürt wie hier. Wir haben dieselben Dinge erlebt, die wir erlebten, als er noch am Leben war.

Jetzt möchte ich dieser Erfahrung noch eine weitere folgen lassen. Ich fühle ihn jetzt deutlicher und mir näher, und ich möchte noch mal in die Kabine zurück und feststellen, ob ich ihn nicht doch auch sehen kann.«

Am nächsten Tag kehrte sie noch einmal in die Kabine zurück. Sie war nun schon mit der Technik vertraut und deshalb entspannter, und die Resultate übertrafen die des Vortages bei weitem. Diesmal konnte sie ihren Mann mit klarer Stimme zu ihr sprechen hören. Und obgleich sie ihn nicht wirklich sehen konnte, fühlte sie doch, daß er neben ihr stand.

»Ich sah noch mehr aus unserem gemeinsamen Leben, aber heute war es anders. Ich erhaschte einige flüchtige Eindrücke von ihm im Spiegel, und ich hörte ihn sehr deutlich zu mir sprechen. Es war, als sei er im Raum anwesend, und ich dachte mir Fragen aus, die er beantwortete.

Es tat ihm leid, daß mein Leben so hart war. Aber er sagte, das sei es, was ich jetzt zu tun hätte, und ich sollte das Leben nicht ganz so schwernehmen.

Ich war so glücklich. Ich wollte ihn umarmen, aber ich wußte, das war unmöglich. Trotzdem ist es wunderbar zu wissen, daß er bei uns ist, wenn wir ihn brauchen.«

Nach diesen beiden Erfahrungen war die Frau sehr erleichtert. Viel vom Streß, der vor den beiden Sitzungen ihr Gesicht zerfurcht hatte, war nun von ihr gewichen. Und sie lächelte jetzt glücklich, wohingegen sie davor nicht ein einziges Mal gelächelt hatte.

In ihrem Fall bewirkten die Erlebnisse zwei Dinge: Zum einen war sie nun sicher, daß ihr Mann keine Schmerzen mehr hatte, daß er vielmehr von seinem gegenwärtigen Aufenthaltsort ziemlich begeistert war. »Ich weiß, daß es ihm gutgeht«, sagte sie. »Er hat mir gesagt, daß es ihm gutgeht.« Das zu wissen, war ihr wichtig, vor allem, da er so plötzlich und qualvoll gestorben war. Und es war ihr ein großes Anliegen, daß das Leben ihres Mannes ein glückliches Ende nahm.

Durch den Kontakt mit ihrem Mann erhielt sie auch die Bestätigung, daß sie das Richtige tat. Sie hatte nach dem Tod ihres Mannes zwei Jobs angenommen, und das neben ihrer Vollzeitbeschäftigung als Mutter von vier Kindern. Sie bewältigte diese unglaubliche Aufgabe einer alleinerziehenden Mutter und fragte sich doch stets, ob das, was sie als Mutter tat, die Billigung ihres Mannes fand. Und jetzt hatte sie die Bestätigung. Bei beiden Sitzungen hatte ihr Mann seiner Überzeugung Ausdruck gegeben, daß sie die Kinder auf die ihr bestmögliche Weise erzog und daß dies seine Zustimmung fand.

»Jetzt kann ich mir der Dinge sicher sein, über die ich mir

vorher im Zweifel war«, sagte sie. »Ich bin jetzt davon überzeugt, daß er bei mir ist. Er versucht mir in jedem Moment zu helfen.«

Diese Frau fuhr zutiefst erleichtert davon. In vieler Hinsicht hatte sich der Kreis des schmerzlichen letzten Jahres geschlossen. Sie war nun entspannt und zuversichtlich und bereit, sich der Zukunft zu stellen. »Jetzt habe ich die Bestätigung und das Gefühl, daß ich weitermachen und mein Leben mit einer neuen Zukunftsperspektive leben kann«, sagte sie. »Ich muß mir keine Sorgen mehr machen.«

»Mir geht es gut, und ich liebe dich«

Eine andere Testperson, ein Chirurg aus einer Stadt an der Ostküste, wollte seiner Mutter wiederbegegnen, die 1968 gestorben war. Er hatte das Gefühl, daß er ihr für seinen persönlichen Erfolg großen Dank schuldete. Er hatte sie in all den Jahren sehr vermißt und sich oft gefragt, wie sein Leben wohl aussehen würde, wenn sie noch lebte. Er ging in die Kabine mit dem Wunsch, seine Mutter einfach noch einmal zu sehen.

Hier ist sein Bericht:

»Ich ging ein bißchen bange in die Kabine, da ich mir nicht besonders sicher war, daß es bei mir funktionieren würde. Ich saß lange Zeit da und versuchte, innerlich ruhig zu werden und mich in den richtigen Zustand zu bringen. Schließlich war ich so entspannt, daß ich wohl kurz vor dem Eindösen war.

In diesem Moment sah ich, als ich in den Spiegel blickte, wie eine filmartige, rauchige Substanz das Glas überzog. Aus diesem Nebel formte sich eine Gestalt, die sich auf einer Art Sofa niederließ.

Erst sah ich nur die Umrisse der Gestalt und keine Einzelheiten. Dann, so vielleicht eine Minute später, nahm sie gewisse Züge an. Diese kamen nicht alle auf einmal zum Vorschein. Es ähnelte mehr diesen Computerbildern, die man im Fernsehen sieht. Das Gesicht gewann von oben herab immer deutlicher an Kontur, und nach einer Weile sagte ich: ›Das ist meine Mutter.‹

›Wie geht es dir?‹ fragte ich.

Ihre Lippen bewegten sich nicht, aber mental hörte ich sie sagen: ›Es geht mir gut, und ich liebe dich.‹

Ich stellte ihr eine andere Frage: ›Hattest du Schmerzen, als du starbst?‹

›Überhaupt nicht‹, hörte ich sie sagen. ›Der Übergang in den Tod war leicht.‹

Am Anfang verbalisierte ich meine Fragen noch, sprach sie laut aus. Aber noch bevor ich sie zu Ende gesprochen hatte, bekam ich schon in mentaler Form die Antwort darauf. Sie sprach ohne Ton. Ich wußte einfach nur, was sie sagte.

Ich stellte ihr noch weitere Fragen, indem ich sie nur dachte.

›Wie denkst du über die Frau, die ich zu heiraten beabsichtige?‹ fragte ich.

›Das ist eine sehr gute Wahl‹, antwortete sie. ›Du solltest weiterhin hart an der Beziehung arbeiten und nicht auf deinem alten Ich beharren. Versuche, verständnisvoller zu sein.‹

Ich stellte etwa zehn Fragen, dann löste sie sich auf, und ich konnte nicht mehr mit ihr sprechen. Ich bemühte mich sehr, sie zurückzuholen, aber ich war so aufgewühlt, daß ich es nicht schaffte. Als das Ganze vorbei war, war ich zutiefst bewegt.«

Von den Resultaten überwältigt

Diese ersten Fälle überwältigten mich. Obgleich Millionen von Menschen jedes Jahr Geisterscheinungen von verstorbenen geliebten Personen sehen, gingen die Wissenschaftler immer davon aus, daß diese Erscheinungen spontan auftreten und nicht bewußt bewirkt werden können. Visionäre Begegnungen passieren, wenn sie passieren, behaupten die meisten Forscher, und können nicht herbeigeführt werden.

Ich bezweifelte das zwar, hatte aber letztlich doch angenommen, daß diese Feststellung stimmte. Jetzt hatte ich diese Erscheinungen unter »Laborbedingungen« stattfinden lassen.

Wie die alten Griechen hatte ich ein Psychomanteum entworfen, in das die Menschen kommen und sich mit den Geistern der Verstorbenen beraten konnten. Es war klargeworden, daß wir bei richtiger Vorbereitung und unter Anwendung bestimmter Techniken Erscheinungen von geliebten Verstorbenen sehen können.

Ich fand diese Erkenntnis aufregend und hilfreich. Menschen, die den Verlust einer geliebten Person betrauern, können so auf direktere Weise mit ihrem Kummer umgehen. Statt einem Therapeuten von den Empfindungen zu erzählen, die der Verlust eines Ehegatten oder Kindes in ihnen auslöst, war es möglich, mit der geliebten Person selbst zu sprechen.

Aus meiner Arbeit mit Nahtoderfahrungen weiß ich, was für eine ungeheure therapeutische Wirkung die Begegnung mit verstorbenen geliebten Menschen haben kann. Und derartige Begegnungen gehören zu den Elementen der Nahtoderfahrungen, die dafür sorgen, daß sie nicht zu einem angsteinflößenden oder traumatischen Ereignis werden. Die Forschung hat gezeigt, daß solche Erfahrungen das Leben der betreffenden Menschen verändern, weil sie sich danach nicht mehr so sehr vor dem Tod fürchten. Und das, weil sie sehen, daß ihre verstorbenen Verwandten in ihrem Nachleben glücklich sind.

Sowohl die Wahrnehmung einer Geisterscheinung wie auch die Nahtoderfahrung helfen bei der Bewältigung von Trauer. In dieser Hinsicht ähneln sich die beiden Erfahrungen. Derartige Begegnungen mit verstorbenen geliebten Menschen haben nichts Angsteinflößendes an sich – im Gegenteil: Es handelt sich im allgemeinen um positive Erfahrungen, die den Menschen Hoffnung geben und ihnen das Gefühl vermitteln, daß es der verstorbenen Person gutgeht, daß sie glücklich und spirituell gesehen noch immer bei ihnen ist.

Nehmen wir das Beispiel eines Mannes aus Pennsylvania, der seine Lieblingstochter durch einen Unfall verlor. Sie war mit einigen Freunden zum Schwimmen gegangen und ertrank im See. Der Mann ging dorthin und wartete gefaßt, bis die Taucher die Leiche seiner Tochter geborgen hatten. Dann brachte er sie in die Leichenhalle und traf alle nötigen Vorbereitungen für das Begräbnis.

Zwei Tage später, am Tag der Beerdigung, band sich der Mann die Krawatte vor dem Badezimmerspiegel, als er plötzlich neben sich die Erscheinung seiner toten Tochter sah. Sie hatte noch immer ihren Badeanzug an und war klatschnaß, so als hätte man sie gerade aus dem See gezogen. Sie stand neben ihrem Vater und legte die Hand auf seine Schulter. Dann küßte sie ihn auf die Wange, sagte »Lebewohl« und verschwand.

Diese Geschichte wurde mir von der anderen Tochter dieses Mannes berichtet, der darauf beharrte, daß seine

Schulter und seine Wange naß waren, als er aus dem Badezimmer kam und seiner Familie von seinem bemerkenswerten Erlebnis erzählte.

»Er erzählte diese Geschichte bis zum letzten Tag seines Lebens«, sagte die Tochter. »Die Leute fragten ihn, ob er denn nicht eine Gänsehaut bekommen habe, aber das hatte er nicht. Daß er sie noch einmal sah, hat ihn vielmehr sehr getröstet.«

Die Möglichkeiten der Kristallomantie versetzten mich so in Erregung, daß ich beschloß, weiterzuforschen.

4. *Das Theater des Geistes*

Erforsche das, wofür man dich verspottet, weil du es erforschen willst.

Autor unbekannt

Als mir klar wurde, daß ich einen speziellen Ort brauchte, um weitere Forschungen anstellen zu können, beschloß ich im Frühjahr 1990, meine alte Mühle entsprechend umzugestalten.

Ich benannte das Ganze Theater des Geistes, eine Einrichtung, in der sich die verschiedensten Elemente – Kunst, Musik, Spiel, Entspannung, kreative Aktivitäten, Körperbewegung, Natur, hypnagoge Zustände, perzeptorische Illusionen, intellektuelle Stimulation und Humor – miteinander verbanden, um eine den alternativen Bewußtseinszuständen förderliche Atmosphäre zu schaffen.

Das Theater vereint so viele Aspekte in sich, daß es Tempel, Wohnzimmer eines Wahrsagers, spirituelles Refugium, Kunstmuseum, Schule, Bibliothek und Vergnügungszentrum in einem ist. Zunächst läßt es einige lang vergessene Institutionen der Alten Welt wiederauferstehen, wie etwa das griechische Totenorakel, die Tempel für den Tempelschlaf des Äskulap und das *Museion,* Vorgänger unserer heutigen Museen, wohin sich die Menschen begaben, um von den Musen Inspiration zu erhalten.

All das war so miteinander kombiniert, daß eine Umgebung geschaffen wurde, in der visionäre Begegnungen stattfinden konnten.

Faktoren, die einen veränderten Bewußtseinszustand begünstigen

Meine Strategie bestand darin, so viele Elemente wie möglich einzubauen, die bekanntermaßen den Übergang in einen veränderten Bewußtseinszustand erleichtern. Generell dient das Theater des Geistes den Zwecken der Unterrichtung, der Unterhaltung, des spirituellen Wachstums und der Trauertherapie mit Hilfe eines veränderten Bewußtseinszustands. Folgende Faktoren tragen dazu bei:

Die Schönheit der Natur

Die Wunder der Natur können mystische oder andere spirituelle Erfahrungen auslösen, und ihre Schönheit berührt auf machtvolle Weise etwas tief im Innern des Menschen.

Damit ein solcher bewegender und inniger Kontakt mit der Natur hergestellt werden kann, wird mein Theater des Geistes von einer ehemaligen Getreidemühle in einer abgeschiedenen ländlichen Gegend Alabamas beherbergt. Sie liegt an einem Bach, und von den Wohnzimmerfenstern kann man zahlreiche wilde Tiere an seinen Ufern beobachten. Ein dichter grüner Wald erlaubt Abgeschiedenheit von der Zivilisation und macht es den Klienten möglich, während ihres Aufenthalts Spaziergänge zu unternehmen und mit der Natur zu kommunizieren.

Veränderungen in der Zeitwahrnehmung

Menschen, die sich in einem veränderten Bewußtseinszustand befanden, berichten oft, daß sich ihr Zeitgefühl während dieser Episoden veränderte. Damit sich die Testpersonen besser in der Zeit verlieren können, bitte ich sie, keine Uhren zu tragen, und achte auch darauf, daß keinc anderen Uhren zu sehen sind. Manchmal errichte ich im Garten eine Sonnenuhr als kleine Erinnerung an eine primitivere Methode der Zeitmessung.

Nicht nur die Zeitmesser sind anachronistisch, sondern auch das Dekor. Die Räume sind durchwegs mit alten Möbeln ausgestattet, und eine ausgedehnte stereoskopische Bilderbibliothek aus dem neunzehnten Jahrhundert öffnet eine Art Fenster in eine schon längst vergangene Zeit.

All das in Verbindung mit der Mühle selbst, die 1839 erbaut wurde, hat den Effekt einer Desorientierung des Bewußtseins und des Unterbewußtseins und versetzt die Klienten in eine frühere Zeit.

Die Testpersonen berichten, daß sie das Gefühl haben, in der Vergangenheit zu leben. Manche erzählen, daß sie meinten, durch eine Zeitmaschine aus dem Zeitalter der Technologie herausgehoben und um hundert Jahre zurückversetzt worden zu sein.

Kunst und veränderter Bewußtseinszustand

Kunst jeglicher Art kann ebenfalls veränderte Bewußtseinszustände herbeiführen. Eine italienische Psychiaterin hat dieses Phänomen das Stendhal-Syndrom genannt. Es gleicht in seinen Symptomen einem Nervenzusammenbruch und tritt auf, wenn sich Menschen großen Kunstwerken gegenübersehen. Das Stendhal-Syndrom wird am häufigsten in Florenz beobachtet, und es trifft vor allem Touristen aus Ländern, in denen eine starke Arbeitsmoral vorherrscht. Wenn sie in Florenz ankommen, werden sie angesichts der großartigen Kunstwerke dieser Stadt von Emotionen überwältigt und haben so etwas wie einen Mininervenzusammenbruch. Nach ein paar Tagen medizinischer Betreuung erholen sie sich wieder. Es ist klar, daß nach dem Entzug sinnlicher Stimulierung durch die harte Arbeit die Schönheit dieser Kunstwerke eine Überladung des Gehirns auslöst.

Der Konzertpianist Erik Pigani hat Fälle von Musikern zusammengetragen, die auch von einer veränderten Realitätswahrnehmung berichten. Eine Reihe bekannter Musiker, die er persönlich interviewt hatte, erzählten, daß sie bei der Aufführung großer musikalischer Kunstwerke tiefe spirituelle Erlebnisse hatten. Einige sagten aus, daß sie das Gefühl hatten, in Licht gebadet zu sein.

Pigani begann sich für veränderte Bewußtseinszustände bei Musikern zu interessieren, nachdem er selbst während eines Konzerts eine außerkörperliche Erfahrung hatte und sich über der Bühne schweben und seiner eigenen Darbietung zuschauen sah.

All das bringt mich zu der Überzeugung, daß Kunst und Musik viele Formen veränderter Bewußtseinszustände, wie etwa außerkörperliche Erfahrungen, auslösen können.

Und so bediene ich mich dieser Elemente im Theater des Geistes. Überall im Gebäude sind provokante und ungewöhnliche Bilder und Zeichnungen aufgehängt. Kunstbücher sind gut sichtbar in Sitzecken plaziert und laden zum Durchblättern ein.

Die Kunstwerke und Dekorationsstücke wurden nicht nur wegen ihrer etwaigen Schönheit ausgewählt, sondern sollen auch Überraschung, Schock und das Gefühl von Disharmonie auslösen. Gewöhnlich passen die Dinge im Theater nicht zusammen, weil harmonierende Gegenstände ein Gefühl von Gleichheit, Stabilität und Vorhersagbarkeit vermitteln. Zum Beispiel sind die verschiedenen Teile des Gedecks bei den Mahlzeiten völlig verschieden. Der Teller mag aus ganz einfachem weißen Porzellan sein und der Keramikbecher in seiner Form einer großen Traube blauer Weinbeeren ähneln. Im Wohnzimmer steht die große Holzplastik eines Indianers neben einer Tiffanylampe. Die Palette der Bilder reicht von Maxfield-Parrish-Postern bis zu klassischen Szenen aus den Donald-Duck-Comics. Alles ist darauf angelegt, das Bewußtsein der Testpersonen mit immer neuen Reizen zu stimulieren und sie in ständiger Verwunderung zu halten.

Stimulierung durch Wissen und Humor

Ich verfüge über eine ausgedehnte Bibliothek mit Büchern und anderen Materialien über veränderte Bewußtseinszustände, das Paranormale und Spiritualität. Das Wissensgut war stets ein wichtiger Kanal, um spirituelle Anleitung und Erhellung zu finden, und so ermuntere ich meine Gäste dazu, sich die Bücher anzusehen.

Doch achte ich bei allen intellektuellen Aspekten unseres Programms darauf, daß der Spaß nicht zu kurz kommt. Humor ist schließlich sehr stark mit Kreativität verbunden. Fröhlichkeit kann selbst als veränderter Bewußtseinszustand gelten, da die heiteren Gefühle, die sie mit sich bringt, einen berauschenden Effekt haben und die Körpermuskeln unmittelbar entspannen. Die Ungereimtheiten der Komik führen oft zu neuen Einsichten und sogar zu einem besseren Selbstverständnis. Außerdem sehen die Testpersonen der ihnen bevorstehenden Erfahrung – der Wiederbegegnung mit einem verstorbenen geliebten Menschen – entspannter entgegen.

Den Sinn für das Spielerische herstellen

Manche Menschen betrachten das Spielen als ein Stadium, das wir auf dem Weg zum Erwachsenwerden durchlaufen. Viele Erwachsene haben vergessen, wie man spielt, und nehmen dem Leben gegenüber eine äußerst ernsthafte Haltung ein.

Solche Menschen haben oft Schwierigkeiten, in einen veränderten Bewußtseinszustand einzutreten. Es entgeht ihnen, daß ein ganz spezifischer Zusammenhang zwischen dem Spielerischen und dem Paranormalen existiert. Doch ich habe herausgefunden, daß zwischen der Parapsychologie und dem Paranormalen auf der einen und dem Bereich des Spielerischen, des Humors und der Unterhaltung auf der anderen Seite eine mindestens ebenso starke Verbindung besteht wie zum Bereich der wissenschaftlichen Forschung.

Mit dieser Aussage will ich die Parapsychologie keineswegs herabwürdigen oder ins Lächerliche ziehen. Vielmehr meine ich, daß die parapsychologische Forschung eine Menge gewinnen könnte, wenn sie diesen Gedanken akzeptierte. Trotz der Tendenz gewisser sauertöpfischer Typen, die Bedeutung von Humor, Spiel und Unterhaltung herunterzuspielen, gehören diese Elemente zu den bedeutsamsten menschlichen Errungenschaften. Abgesehen davon stellt das kreative Spiel eine wesentliche Quelle für Entdeckungen dar.

Wenn man der wechselseitigen Verbindung von Parapsychologie und Unterhaltung das Wort redet, so räumt man meiner Ansicht nach diesem Gebiet eine ganze neue Freiheit ein und versetzt es potentiell in die Lage, auf elegantere Weise eine wertvolle Rolle in den menschlichen Belangen zu übernehmen. Kunstwerke der verschiedensten Art, die ja schließlich auch eine Form der Unterhaltung sind – ob nun in Dichtung, Musik, Malerei, Bildhauerei oder Schauspiel –, dienten schon lange der Klärung oder sogar Beförderung des spirituellen Lebens der Menschheit.

In der Parapsychologie geht es um eine systematische Erforschung des Paranormalen. Und wie die Kunst kann sie eine mächtige und erhebende Wirkung haben, tiefe Emotionen der Ehrfurcht, des Erstaunens, der Hoffnung und des Wunderns aufrühren und uns helfen, wieder zu einer Wertschätzung des ungeheuren Universums, in dem wir leben, zu gelangen.

Die unbewußte Erkenntnis, daß die Erforschung des Paranormalen Spaß macht, könnte erklären, warum Fundamentalisten dieses Forschungsgebiet verabscheuen. Schließlich sind die Dinge, die nach Spiel oder Humor riechen, nicht gerade ihre Stärke.

Da ich glaube, daß Spiel und Paranormales stark miteinander verbunden sind, habe ich es auf subtile Weise in die ganze Prozedur eingebaut. Im Wohnzimmer, wo sie mit der bevorstehenden Erfahrung vertraut gemacht werden, sitzen die Testpersonen in so etwas wie Hollywoodschaukeln, die von der Decke herabhängen. Wenn sie sich dort nicht wohl fühlen, können sie sich in großen Knautschsäcken niederlassen, die überall auf dem Boden verteilt sind.

Spielzeug, das sowohl Erwachsene wie Kinder anspricht, liegt immer in Reichweite. Darunter befinden sich unter anderem Kaleidoskope, Puzzles, Zaubertricks und farbenprächtige Bilderbücher.

Überall im Gebäude sind an prominenter Stelle auch Spiegel angebracht, um die Suche nach Selbsterkenntnis zu symbolisieren. Da sie zudem oft mit Aberglauben in Verbindung gebracht werden, bringen sie etwas auf der primitiven Ebene des Geistes zum Schwingen.

Der lange Blick in den Spiegel bietet unter Umständen die Möglichkeit, etwas über die eigene Seele und sich selbst herauszufinden. Ich habe einige normale Spiegel wie auch Zerrspiegel aufgehängt, in denen die Testpersonen ihren Körper in verzerrter Gestalt wahrnehmen, was ebenfalls zur Lockerung der Bindung an die übliche Realitätswahrnehmung beiträgt.

Tor zur Psyche

Alle diese Elemente sollen die Teilnehmer nicht unbedingt in eine übermütige Stimmung versetzen, sondern eine Tür zu ihrer Psyche öffnen und ihnen erlauben, andere Dimensionen ihres Geistes zu erkunden, indem sie gefahrlos einige ihrer lang aufgebauten Hemmungen aufgeben. Und so beschrieb eine Testperson ihre Erfahrung: »Es war, als ob ich eine Zeitbarriere überschritt und in eine andere Welt eintrat. Ich hatte das Gefühl, die Zeit sei etwas Unwirkliches.«

Der Aufbau des Theater des Geistes mit seiner Betonung auf Kunst, Antiquitäten, Natur, Spaß und Spiel erhöhte nicht nur die Quantität der Geisterscheinungen, die die Menschen sahen, sondern auch deren Qualität. Dieser Erfolg machte mich auf die große Rolle aufmerksam, die die menschliche Stimmung in der Medizin spielen kann, und hier vor allem in jenem nicht klar definierten Bereich, den wir menschliche Psychologie nennen.

Im Fall der Kristallomantie wird die richtige Stimmung durch die Umgebung erzeugt. Dieses Umfeld kann insofern als rituell bezeichnet werden, als es ein Verhaltensmuster bewirkt, das zu tiefer Entspannung führt.

Erst wenn die Testperson diesen entspannten Zustand erreicht hat, wird sie in die Kabine mit dem Spiegel geführt.

Seit 1990 habe ich nun diese Forschungen im Theater des Geistes durchgeführt. In dieser Zeit habe ich persönlich über dreihundert Personen bei ihren Sitzungen beobachtet und sie anschließend über ihre Erfahrungen befragt.

Viele der Sitzungen wurden mit der Absicht durchgeführt, einen geliebten verstorbenen Menschen wiederzusehen, das Hauptthema dieses Buchs. Andere Sitzungen wurden als Teil eines Prozesses innovativer Psychotherapie unternommen, der den Menschen bei ihrer Suche nach Selbsterkenntnis helfen sollte.

Diese anderen Anwendungsmöglichkeiten der Kristallomantie werden später im Buch besprochen. Im Augenblick will ich mich darauf beschränken, über einige der überraschenden Erkenntnisse zu berichten, die sich aus der Wiederbegegnung mit geliebten verstorbenen Menschen ergaben.

Viele Menschen begegnen einer anderen verstorbenen Person als der, auf die sie gefaßt waren. Alle Testpersonen hatten sich darauf vorbereitet, eine ganz bestimmte Person zu sehen. Doch ungefähr ein Viertel dieser Menschen sah einen anderen verstorbenen Verwandten.

Die Geisterscheinungen beschränkten sich nicht auf den Spiegel. Bei ungefähr zehn Prozent der Fälle schienen die Geisterscheinungen aus dem Spiegel heraus- und in den umgebenden Raum einzutreten. Die Testpersonen berichteten oft, daß sie von der Geisterscheinung berührt worden seien oder spürten, wie sie neben ihnen stand. Ich hätte auf dieses Phänomen gefaßt sein sollen, da schon der Kristallomantiker des 16. Jahrhunderts, Dr. John Dee, in seinen Berichten über die von ihm durchgeführten Experimente von Geisterscheinungen spricht, die aus dem Spiegel heraustraten. In einem Fall jedoch verbot der Verstorbene der Testperson ausdrücklich, sie zu berühren.

Es gab auch Fälle, in denen sich der Vorgang andersherum abspielte. Zehn Prozent der Testpersonen berichteten, daß sie eine Reise in den Spiegel unternahmen und dort verstorbenen Verwandten begegneten.

»Er kam direkt aus dem Spiegel«

Ein Fall, in dem beide Phänomene auftraten – das der Begegnung mit einer unerwarteten Person und das einer aus dem Spiegel heraustretenden Erscheinung – ist der eines Geschäftsmannes, der sich selbst als »interessierten Skeptiker« bezeichnete. Er war gekommen, um wenn möglich seinen Vater wiederzusehen, der gestorben war, als er selbst erst zwölf Jahre alt war. Er hatte ihn sehr bewundert und berichtete, daß er mit seinen Verlassenheitsgefühlen nach dem Tod des Vaters erst in den letzten zwanzig Jahren einigermaßen umzugehen vermocht hatte.

Wir bereiteten uns lange auf diese Wiederbegegnung vor, sahen uns die Familienalben und auch die Fotos von Möbeln an, die sein Vater gezimmert hatte. Er erinnerte sich voller Liebe an Spaziergänge im Park, die sie in seiner Kindheit unternommen hatten, und an Fahrten zum Haus seiner Großmutter auf dem Land. Am Abend begab er sich dann in die Kabine. Als er wieder auftauchte, hatte er folgende erstaunliche Geschichte zu berichten:

»Ich saß eine Weile in der Kabine, bis ich herausfand, wie es geht. Es ist so, wie Sie sagten. Wenn du versuchst, es zu erzwingen, oder dasitzt und darüber nachdenkst, ob es nun passiert, dann geschieht nichts. Ich wollte schon aufstehen und hierher zurückkehren, aber dann dachte ich: ›Ich bleib' doch noch ein Weilchen‹, und ließ mich darauf ein. Ich glaube, dieser Moment des Sich-Einlassens löste es aus, wobei es in dem Augenblick anfing, als ich mir keine Gedanken mehr darüber machte, ob nun etwas geschehen würde oder nicht.

Ich sah diesen Nebel da drin, und um die Wahrheit zu sagen, glaubte ich eine Minute lang, Sie müßten die Feuerwehr rufen, denn für mich sah es wie Rauch aus. Schließlich merkte ich, daß sich alles im Spiegel abspielte, aber einen Moment lang hielt ich es wie gesagt für Rauch. Dann waren da überall im Spiegel Farben, Farbflecke, und danach sah ich Szenen. Einige waren Szenen aus meiner Kindheit. Sie waren sehr realistisch. Da waren dreidimensionale Szenen überall um mich herum. In einigen davon erkannte ich Vorkommnisse aus meinem Leben, aber in anderen nicht. In einer sah ich meinen Vater, wie er auf den Verandastufen saß. Ich erinnerte mich an diese Szene, es war also nur eine Erinnerung, aber eine sehr deutliche, direkt vor mir. Ich hätte sie fast berühren können. Ich hatte jedenfalls das Gefühl, es zu können. Doch ich hatte nicht das Gefühl, daß mein Vater präsent war; es handelte sich nur um eine Szene der Erinnerung dort im Spiegel.

Dann waren da auch Szenen von Orten, an denen ich nie gewesen war und die ich nie gesehen hatte. Sehr hübsche Plätze. Ich weiß nicht, wo sie sich befanden oder was das war, aber mir kam der Gedanke, daß ich mich, da alle diese Szenen um mich herum waren, im Spiegel befinden mußte.

Auch fühlte ich mich sehr erfrischt, so als ob ich ein neues Ich wäre.

Ich wußte, daß jemand bei mir war, hatte aber keine Ahnung, wer. Dann sah ich diesen Umriß, eine männliche Person, die im Spiegel Gestalt annahm. Ich konnte immer nur ein bißchen von ihr sehen. Es schien, als ob sie sich ins Licht bewegte.

Ich weiß, es klingt seltsam, aber ich dachte, daß ich derjenige sei, der sich im Spiegel befand, während sich der andere in der Kabine aufhielt.

Ganz eindeutig war der Mann, den ich nun deutlich sehen konnte, in der Kabine. Einen Augenblick lang dachte ich, ich sei im Spiegel, aber dann kam auch ich zurück in die Kabine, und der Mann, der etwa meine Größe hatte, war auch da. So ging das ständig. Er bewegte sich in glatter Bewegung ins Licht und aus dem Spiegel heraus und in die Kabine hinein. Er flutschte da einfach heraus. Ich war derjenige, der eine Minute lang ständig in den Spiegel hineinging und wieder heraus, bis ich schließlich in der Kabine blieb und mich im Sessel niederließ.

Ich muß einen Satz gemacht haben, als ich schließlich sah, wer er war. Es war mein alter Geschäftspartner. Er war etwa zwei Jahre jünger als ich, und wir hatten fünfzehn Jahre lang zusammengearbeitet. Dann kam seine Frau eines Tages nach Hause und fand ihn tot in der Dusche. Er hatte einen Herzinfarkt erlitten. Er war erst achtunddreißig gewesen, und sie hatten vier Kinder. Es ist merkwürdig, aber solange wir Partner waren, betrachtete ich ihn nicht als einen guten Freund. Wir waren einfach nur Geschäftspartner. Aber als er starb, fiel ich in eine Depression. Meine Frau erzählte mir später, daß sie Angst hatten, sie müßten mich für eine Weile ins Krankenhaus bringen.

Jedenfalls sah ich ihn, als er in die Kabine trat, ganz deutlich. Er stand etwa einen halben Meter von mir entfernt. Ich war so überrascht, daß ich nicht wußte, was ich tun sollte. Er war es, und da stand er. Er hatte meine Größe, und ich sah ihn von der Hüfte an aufwärts. Er stand da in voller Gestalt; er war nicht durchsichtig. Er ging umher, und ich konnte sehen, wie sich sein Kopf und seine Arme bewegten, alles dreidimensional.

Er sah so aus wie zum Zeitpunkt seines Todes, vielleicht ein bißchen jünger. Es hatte den Anschein, als ob jegliche Mängel oder Entstellungen ausgelöscht worden seien, und er wirkte sehr lebhaft.

Er war glücklich, mich zu sehen. Ich war erstaunt, aber er schien nicht erstaunt zu sein. Ich hatte den Eindruck, er wußte, was hier vor sich ging. Er wollte mich beruhigen. Er sagte mir, daß ich mir keine Sorgen machen sollte, ihm ginge es gut. Ich weiß, daß er den Gedanken hatte, daß wir einmal wieder zusammen sein würden. Auch seine Frau ist inzwischen gestorben, und er schickte mir den Gedanken, daß sie bei ihm sei, aber aus irgendeinem Grund sollte ich sie nicht sehen.

Ich hörte keine Worte oder Geräusche. Es wurden nur die Gedanken hin- und hergeschickt, es hatte keinen Sinn, Worte zu benutzen.

Ich stellte ihm einige Fragen. Ich wollte etwas über seine Tochter erfahren, das mich schon immer beschäftigt hatte. Mit dreien seiner Kinder stand ich in Kontakt und half ihnen, wenn nötig. Aber mit seiner zweiten Tochter gab es einige Schwierigkeiten. Ich hatte mich um sie bemüht, aber sie gab mir irgendwie die Schuld am Tod ihres Vaters. Als sie älter war, warf sie mir vor, wir hätten zu hart gearbeitet. So fragte ich ihn also, was ich tun sollte, und er beruhigte mich und klärte mich über alles auf, was ich wissen wollte, und das brachte auch für mich Licht in manche Dinge.

Als es vorbei war, verschwand er sehr rasch, und ich erhob mich aus dem Sessel. Ich zitterte ein bißchen, als ich aus der Kabine kam, weil ich aufgeregt war. Ich spürte, daß er es war. Was mich angeht, so war es genau so, als wäre er dagewesen.

Ich hatte nicht das Gefühl, daß mein Vater da war, aber mein Partner war gewiß da. Ich wußte nicht, was ich tun oder wie ich mich verhalten sollte. Aber ich habe das Gefühl, daß ich mit meinem Partner Frieden geschlossen habe.«

Dieser Mann bestand darauf, daß es sich nicht um eine Vision, sondern wirklich um seinen Geschäftspartner gehandelt habe. Er gründete sein Gefühl auf die Antworten, die er auf einige seiner Fragen erhalten hatte. Es waren Antworten, nach denen er selbst jahrelang gesucht hatte. Und nun hatte er sie nach nur wenigen Augenblicken der Begegnung mit seinem ehemaligen Geschäftspartner erhalten. »Ich möchte immer noch gerne meinen Vater sehen«, sagte er. »Aber augenscheinlich war das Bedürfnis, meinen alten Geschäftspartner wiederzusehen, stärker als ich dachte.«

Etwa sechs Monate später erzählte mir dieser Mann, daß sich seine Erfahrung im Psychomanteum noch immer stark auf ihn auswirkte. Er wiederholte seine Aussage, daß er mit seinem Partner hätte »Frieden schließen« können und daß er sich nun keine Sorgen mehr um dessen Familie machen mußte. Auch dächte er noch immer viel an sein Erlebnis, und er sei sich absolut sicher, daß er sich an jenem Tag tatsächlich in der Gegenwart seines Freundes befunden habe.

Es fanden echte Unterhaltungen statt. Bevor ich mit den Experimenten begann, war ich nie auf den Gedanken gekommen, daß sich meine Testpersonen mit den Wesen, denen sie im Psychomanteum begegneten, unterhalten würden. Doch in fast fünfzig Prozent der Fälle wurde mir von Gesprächen berichtet, die von ein paar Worten der Beruhigung und Liebe bis hin zu langen und engagierten Unterhaltungen, ja sogar Plaudereien reichten.

In etwa 15 Prozent der Fälle erzählten die Testpersonen, daß sie die Stimme der verstorbenen Person gehört hatten. Damit meine ich nicht, daß sie sie so hörten, wie man seine eigenen Gedanken vernimmt. Ich meine, daß sie deutlich hörbar waren. Andere berichteten von einem telepathischen Austausch, das heißt, sie verstanden einander unmittelbar in ihren Gedanken und Gefühlen, ohne sie aussprechen zu müssen.

Erscheinungen treten erst später auf. Bei etwa 25 Prozent der Testpersonen fanden die angestrebten Wiederbegegnungen erst statt, nachdem sie das Psychomanteum verlassen hatten. Das heißt, sie sahen die geliebten verstorbenen Menschen, nachdem sie in ihr Hotelzimmer oder nach Hause zurückgekehrt waren.

In meinem Fall hatte sich die Begegnung ereignet, nachdem ich in ein anderes Zimmer gegangen war. Gewöhnlich findet eine solche Wiederbegegnung dann innerhalb von vierundzwanzig Stunden statt.

»Mir wurde klar, daß ich eine Erscheinung sah«

Da ist das Beispiel einer angesehenen Journalistin Anfang Sechzig, die zum Theater des Geistes kam in der Hoffnung, ihren Sohn wiederzusehen, der sich ein Jahr zuvor umgebracht hatte.

Wie Sie aus ihrer bemerkenswerten Geschichte ersehen werden, ereignete sich einige Stunden lang nichts, sondern erst, nachdem sie das Psychomanteum verlassen hatte, machte sie folgende Erfahrung:

»Ich sah die Erscheinung meines Sohnes ein paar Stunden, nachdem ich die Kabine verlassen hatte, und bis zum heutigen Tag sehe ich sie so klar vor mir wie diese Kaffeekanne, die ich gerade anschaue. Wenn ich Künstlerin wäre, würde ich sie malen.

Als ich ins Hotel zurückkehrte, in dem ich mir ein Zimmer genommen hatte, machte ich ein paar Anrufe, da ich von dem Tag, den ich im Theater des Geistes verbracht hatte, noch sehr aufgewühlt war, und ich wollte bei mir zu Hause anrufen. Dann ging ich ins Bett und schlief ein.

Ich weiß nicht genau, wie spät es war, als ich aufwachte, aber als ich aufwachte, spürte ich eine Präsenz im Zimmer. Da stand zwischen dem Fernseher und dem Frisiertisch ein junger Mann im Raum. Zunächst zeigte er keinen Ausdruck, und er sah mich an. Ich war so erschrocken, daß mein Herz mit hundertfünfzig Stundenkilometern dahinraste. Ich war froh, daß ich in einem großen Bett lag, sonst wäre ich vermutlich aus dem Bett gefallen, so verängstigt war ich.

Mir ging durch den Kopf: ›O Gott, es muß noch eine andere Tür in dieses Zimmer geben!‹ So real war er, als er dort stand.

Es war kein Traum. Ich war hellwach. Ich sah ihn ganz deutlich, seinen ganzen Körper – bis auf seine Füße. Ich sah ihn an, und er sah mich an. Ich weiß nicht, wie lange das ging, aber es war lange genug, um verängstigt zu sein, und mir jagt gewöhnlich nichts so schnell Angst ein.

Aber dann wurde mir klar, daß es sich um eine Erscheinung handelte und daß dies mein Sohn war. Zunächst sah er für mich nicht so aus wie mein Sohn, aber als ich mir alles zusammenreimte, wurde mir doch klar, daß er es war. Tatsächlich sah er genauso aus wie etwa zehn Jahre vor seinem Tod.

Danach wurde alles ganz friedlich. Ich war mir sicher, daß mit ihm alles in Ordnung ist und daß er mich liebt. Das war ein Wendepunkt für mich. Es war eine wunderbare Erfahrung.«

Wiederbegegnungen werden für »real« gehalten. Zu meiner Überraschung zeigte es sich ganz klar, daß diese Wiederbegegnungen als reale Ereignisse erlebt werden, nicht als Phantasien oder Träume. Bislang haben fast alle Testpersonen bestätigt, daß ihre Begegnungen völlig real waren und sie sich tatsächlich in der Gegenwart der geliebten Person befanden, die ihnen der Tod entrissen hatte.

Erfahrungen dieser Art haben eine starke Auswirkung auf die betreffenden Personen. Obwohl die Testpersonen bei ihren Erfahrungen angeleitet werden und die Sitzungen unter Laborbedingungen stattfinden, machen sie meiner Ansicht nach eine positive und transformative spirituelle Erfahrung durch. Alle Anzeichen sprechen dafür:

- Ein paranormales Ereignis hat stattgefunden, das die Grundlagen der Realitätserfahrung der betreffenden Person erschüttert.
- Es ist eine positive Erfahrung, die einem tiefen spirituellen Bedürfnis entspricht.
- Es verändert die Auffassung vom Sinn des Lebens für die betreffende Person.

Meine Beobachtungen und meine Intuition sagen mir, daß die Veränderungen, die in einer Person nach einer solchen Erfahrung stattfinden, jenen gleichen, die Personen mit Nahtoderfahrungen durchmachen. Diese Menschen werden freundlicher, verständnisvoller, und sie haben weniger Angst vor dem Tod.

»Ich war so glücklich, ich hätte schreien können«

Wie sehr eine solche Erfahrung als »Wirklichkeit« erlebt wird und welche tiefen Emotionen sie auslösen kann, das illustriert der Bericht einer sechsundzwanzigjährigen Frau, die ihrer Lieblingstante Betty wiederbegegnen wollte. Wie auch andere Familienmitglieder machte sie sich Sorgen, daß diese Tante, die ganz allein gestorben war und keine Hilfe herbeiholen konnte, in den letzten Stunden sehr gelitten hatte. Auch in diesem Fall machte die Testperson eine Reise in den Spiegel.

»Anfänglich war ich da drin [in der Kabine] nervös, aber dann beruhigte ich mich ziemlich schnell. Ich hatte nicht wirklich erwartet, daß es bei mir funktionieren würde. Sie wissen schon, das ist so etwas, das immer nur anderen passiert. Aber tatsächlich fing die Sache sofort an. Die Visionen, wenn es das ist, was sie waren, waren so deutlich wie der helle Tag. Sie hatten nichts Unwirkliches an sich, aber es läßt sich alles nur sehr schwer erklären.

Erst sah ich Visionen im Spiegel, das heißt zunächst farbige Muster und kleine leuchtende Lichtfunken oder -blitze. Ich sah diesen großen Nebel, der sich im ganzen Spiegel ausbreitete wie eine Nebelbank, die am Fenster vorbeizieht, und dann sah ich ein helles Licht. Ich sah ein Licht in weiter Ferne und eine Szenerie, kurze kleine Szenen, aber meine Aufmerksamkeit wurde auf einen Pfad gelenkt, und ich wußte, ich mußte ihm folgen oder jedenfalls in diese Richtung gehen.

Ich folgte diesem Weg. Ich kann nicht sagen, daß ich durch den Spiegel ging, weil ich es nicht bemerkte, aber ich weiß ganz sicher, daß ich mich in dieser anderen Dimension befand. Überall um mich herum waren das Licht und diese anderen Szenen, aber ich achtete nicht auf sie, weil ich wußte, daß ich diesem Pfad folgen mußte.

Ich ging immer weiter und sah diese drei Leute, die da links von mir standen, und ich ging auf sie zu und sah, daß es meine Großmutter und meine Lieblingstante Betty waren. Die dritte Person erkannte ich nicht, aber es war ganz eindeutig eine Frau.

Tante Betty gab mir zu verstehen, daß diese dritte Person meine Urgroßmutter Harriet sei, und dann erkannte ich sie, denn ich hatte Fotos von ihr gesehen. Sie sah aber im Grunde nicht so aus wie auf den Fotos. Sie machte einen viel aktiveren Eindruck als auf den Bildern oder als ich sie mir vorgestellt hatte. Sie sah wirklich jung aus, aber als sie starb, war sie schon sehr alt. Seit ich ein kleines Mädchen war, habe ich die Familie immer über sie sprechen hören. Diese Frau hatte eine wirklich starke Ausstrahlung.

Ich war so glücklich, ich hätte einen Schrei ausstoßen mögen. Es war so großartig, Betty und meine Großmutter zu sehen. Die beiden schienen so viel zu verstehen, wenn Sie wissen, was ich meine. Sehr viel wissender, als sie es zu ihren Lebzeiten gewesen waren.

Ich war während dieses ganzen Beisammenseins überglücklich. Ich freute mich so. Es gab nicht den allergeringsten Zweifel, daß sie da waren und daß ich sie sah, und es war so real wie irgendeine andere Begegnung. Von da aus, wo ich stand, konnte ich sie nicht berühren.

Sie sagten mir, daß alles in Ordnung sei und daß es ihnen gutginge. Das war wirklich eine Erleichterung für mich. Ich kann jetzt sagen, daß ich mir keine Sorgen mehr um meine Tante mache. Sie war ganz entspannt und ruhig.

Wenn ich Ihnen nur dieses Licht beschreiben könnte. So etwas habe ich noch nie gesehen. Ich kam nicht ganz in dieses Licht hinein. Ich sah alles aus einer gewissen Entfernung. Ich hörte auch keine Stimmen, ich wußte einfach, was sie mir sagen wollten. Es war eher so etwas wie das, was ich über das Gedankenlesen gehört habe.

Ich verbrachte auch ein bißchen Zeit mit meiner Großmutter. Ich war eines ihrer ersten Enkelkinder, und zwischen uns bestand eine besondere Beziehung. Auch sie sagte, daß es ihr gutginge. Es war einfach ein glückliches Wiedersehen.

Sie sahen alle wie ganz normale Leute aus. Ich sah sie alle ganz deutlich, ich war ihnen nah, stand aber nicht direkt bei ihnen. Ich wußte, daß ich nicht bei ihnen bleiben konnte, aber es wurde mir da klar, daß sie noch immer lebendig waren und daß ich sie wiedersehen würde. Ihre Füße sah ich nicht, ich sah sie von den Knien an aufwärts.

Das alles dauerte nicht allzulange. Dann kehrte ich wieder in den Sessel zurück, und die Visionen im Spiegel verschwanden sehr rasch. Sie haben mir zu denken gegeben. Ich hätte eine solche Sache nie geglaubt. Aber es gibt keine Frage, daß es Wirklichkeit war. Sie standen da direkt vor mir, sie waren es.«

Vierzehn Monate später berichtete mir diese Frau, daß sie noch zwei andere kurze Begegnungen mit der Geistererscheinung ihrer Tante Betty gehabt habe. Keine war so ausführlich wie die im Psychomanteum, aber in beiden Fällen hatte sie die Gegenwart ihrer Tante gespürt. Diese Begegnungen und ihre Auswirkungen ließen sie nun anders über das Paranormale denken. Vormals hatte sie ihre Zweifel gehabt, doch jetzt war sie von einem Leben über den Tod hinaus überzeugt.

Halten diese Sinneswandlungen an? Ich weiß es nicht, da ich die Testpersonen, die derartige Erfahrungen mit der Kristallomantie gemacht haben, über mehrere Jahre hinweg beobachten muß, bevor ich diese Frage beantworten kann. Im Augenblick kann ich nur sagen, daß eine erfolgreiche Sitzung zumindest zu einer kurzfristigen Veränderung in der Person führt.

Unterschiedliche Erfahrungen

Meine Analyse der verschiedenen auftretenden Phänomene und des Prozentsatzes der durch die Kristallomantie bewirkten Wiederbegegnungen konnte ich natürlich erst nach und nach erstellen, als ein Besucher nach dem anderen ins Psychomanteum kam. In meiner Erinnerung stellt sich dieser Lebensabschnitt als ständiger Fluß einer denkwürdigen Zeit dar, die ich mit sensiblen und feinen Menschen verbrachte.

Es war faszinierend, diesen so vernünftigen Menschen zuzusehen und ihren spontanen Berichten über für sie ganz reale Ereignisse von höchst ungewöhnlicher Natur zu lauschen. Wenn ich sie mir jetzt wieder vor Augen führe, merke ich, daß es unvergeßliche Geschichten sind.

»*Sie warteten auf jemanden*«

Eine meiner ersten Testpersonen war ein Mann Anfang Siebzig, der eine lange und erfolgreiche Karriere als Psychotherapeut hinter sich hatte. Ich erwähne dies, um deutlich zu machen, daß er ein sehr präzises und gereiftes Verständnis von der Natur des menschlichen Geistes hatte.

Wir bereiteten uns den ganzen Tag vor und hofften auf eine Wiederbegegnung mit seinem Vater, der vor drei Jahrzehnten gestorben war. Wir sahen uns gemeinsam verblichene Fotos an und blätterten alte Dokumente durch. Wir sprachen über seine liebevollen und weniger liebevollen Erinnerungen an seinen Vater. Als die Abenddämmerung hereinbrach, begleitete ich ihn in die Kabine. Als er nach eineinhalb Stunden wieder zum Vorschein kam, war er sichtlich bewegt, doch sehr glücklich über seine verblüffende Reise ins Mittelreich.

»Ich war schon eine Weile da, bevor sich irgend etwas tat, wie lange, weiß ich nicht. Dann schien sich der Spiegel zu bewölken mit Nebel, der wie feine Staubwirbel aussah. Dann verschwand dieser Nebel, und ich sah für einen Augenblick Formen geometrischer Muster herumschweben. Ich fühlte so etwas wie einen Ruck oder ein Erschauern, einen Schwindel, so als würde mir schlecht, aber es geschah nichts dergleichen.

Ich bewegte mich nach vorn, nicht mit einem Satz, sondern sanft, fast so, als ob ich dahinglitte. Ich ging in den Spiegel hinein, bewegte mich direkt durch ihn hindurch.

Bald darauf sah ich durch die Dunkelheit etwas weit vor mir liegen. Das heißt, es war gar nicht völlig dunkel. Alles war beleuchtet, aber dieser eine Fleck in der Ferne war am hellsten, und alles andere wirkte im Vergleich dazu dunkler. Ich bewegte mich auf dieses Licht zu, und als ich näher und näher kam, sah ich, daß es so etwas Ähnliches wie ein Aufbau war. Ich kann Ihnen nicht sagen, was es war. Ich sah es ganz deutlich, aber ich kann es nicht in Worte fassen.

Es war so etwas wie eine Plattform oder eine Bühne. Ich dachte an einen Bahnsteig, und all das war von diesem weichen, hellen oder gelbweißen Licht erleuchtet.

Ich bewegte mich noch immer darauf zu und versuchte zu erkennen, was es war, und fragte mich, was zum Teufel hier vor sich ging, als ich diese beiden Leute dort auf dem »Bahnsteig« stehen sah. Sie schauten in die Ferne, als ob sie auf jemanden warteten. Dann, als ich näher kam, sah ich, daß es mein Cousin und meine Cousine waren, Harry und Ruth, denen ich so nahegestanden hatte.

Plötzlich ging ich diesen »Bahnsteig« entlang oder hatte zumindest das Gefühl, und die Gesichter der beiden leuchteten auf. Sie kamen auf mich zu, aber nur bis zu einem gewissen Punkt. Ich weiß nicht, wie ich es sagen soll, aber die ganze Zeit schien so etwas wie eine Barriere oder ein Schild zwischen uns zu sein. Ich sah es nicht, aber ich spürte ein Hindernis. Mir kam der Gedanke, daß ich mich nicht darüber hinwegsetzen durfte, und auch sie konnten es nicht.

Als ich ihrer zum erstenmal ansichtig wurde, schien es so, als ob sie auf jemanden warteten, und nun hatte es den Anschein, daß sie auf mich gewartet hatten. Sie sagten nicht »hallo«, aber dennoch war da so etwas wie eine Begrüßung. Sie wußten sehr wohl, daß ich da war.

Ich empfand tiefe Freude. Sie sahen sehr viel jünger aus als zum Zeitpunkt ihres Todes. Sie sahen eher so aus wie in unseren jungen Jahren, als wir alle gute Freunde waren. Und doch war da ein Unterschied. Sie sahen ein bißchen anders aus, gesünder könnte man sagen, und so, als hätten sie eine Menge Energie, als wären sie voller Leben.

Ich verstand, daß sie mir sagen wollten, daß es ihnen gutginge und daß sie sich freuten, mich zu sehen, und daß wir irgendwann wieder zusammensein würden. Ich hörte aber keine Worte. Es war telepathische Kommunikation.

Ich war sehr glücklich, und ich wußte, daß sie es auch waren. Dann wurde ich plötzlich rückwärts weggezogen, und ich sah, wie sie in der Ferne entschwanden, und ich saß plötzlich wieder im Sessel.«

Als ich ihn fragte, wie er diese Begegnung empfunden hatte, erwiderte er, es sei in keiner Weise wie ein Traum gewesen. Es kam ihm alles so real vor, daß er davon überzeugt war, sich in der Gegenwart seines Cousins und seiner Cousine befunden zu haben. Und wenigstens einmal sprach er davon, daß sie auf ihn gewartet zu haben schienen.

Diese Geschichte muß ich mit einer traurigen Nachbemerkung versehen. Ein paar Monate später nahm ein Freund dieses Mannes Kontakt mit mir auf, um mir mitzuteilen, daß er bei einem Autounfall ums Leben gekommen sei. Als ich sein Fallbeispiel für dieses Buch vorbereitete, konnte ich nicht umhin, mich zu fragen, ob die Tatsache, daß die beiden Verwandten auf ihn gewartet hatten, nicht irgendwie eine Ankündigung seines Todes war.

»Ich sah ihn direkt über mir«

Eine Frau Ende Vierzig wollte ihren verstorbenen Vater wiedersehen und berichtete von einer Begegnung, bei der die Erscheinung wieder einmal aus dem Spiegel heraustrat.

»Als ich in die Kabine ging, hatte ich ein bißchen Angst. Warum, weiß ich nicht, denn ich hatte mich nun schon seit einem Monat auf diesen Tag gefreut. Vielleicht war es nur das Gefühl, daß der Zeitpunkt jetzt gekommen war.

Als wir im Arbeitszimmer waren und die Erinnerungsstücke an meinen Vater durchgingen, überkam mich eine Art Gewißheit, und ich wußte schon in diesem Augenblick, daß ich ihn sehen würde. Ich wußte die ganze Zeit, daß er da sein würde. Als ich Ihnen das Schmuckkästchen zeigte, das er für mich angefertigt hatte, war ich mir der Sache schon ganz sicher.

Aber als ich dann in die Kabine ging, hatte ich doch ein bißchen Angst. Schließlich war das, was ich da tat, doch etwas seltsam für mich. Die Leute an meiner Arbeitsstelle würden nie glauben, daß ich etwas Derartiges tun könnte. Ich glaube es ja selbst kaum, aber da war noch so viel mit meinem Vater zu klären, daß er mir seit seinem Tod nicht mehr aus dem Kopf ging.

Als ich dann in der Kabine war, dauerte es, wie mir schien, nicht lange, bevor ich anfing, Dinge zu sehen. Zuerst waren da Farben und hübsche Wolken, und ab und zu sah ich eine Szene vorüberhuschen.

Ich kann mich erinnern, ein kleines Dorf gesehen zu haben, vielleicht ein englisches oder französisches Dorf, aber alt, es war ein sehr alter Ort. Ich hatte das Gefühl, in die Zeit zurückzuschauen.

Die Menschen, die da herumgingen, waren altmodisch gekleidet – Mittelalter oder noch davor. Ich sah einen Mann, der direkt vor mir herging und mit besorgtem Gesichtsausdruck ein paar Kühe vor sich hertrieb. Ich habe keine Ahnung, wo das alles herkam. Ich bin nicht auf einem Bauernhof aufgewachsen.

Alle diese Szenen zogen rasch an mir vorüber, aber als dann mein Vater im Spiegel auftauchte, war das etwas anderes. Er war keine flüchtige Erscheinung wie die anderen. Er tauchte plötzlich auf, und ich sah ihm direkt ins Gesicht.

Er sprach zu mir und war lustig, wie er es immer gewesen war. Er fragte mich: ›Warum, um alles in der Welt, versuchst du mich zu sprechen, Mädel?‹

Ich kann nicht sagen, daß ich seine Stimme hörte, so wie ich Sie sprechen höre, aber es war stärker als Gedanken. Ich wußte einfach, was er sagen wollte.

Er war immer etwas verdrießlich, aber auf lustige Weise. Er machte immer Witze oder sagte etwas Komisches. Diese Frage war also ganz typisch für ihn.

Er lächelte, als ich ihn sah. Und so seltsam es klingt, er war bei mir im Raum. Ich weiß, daß es so war. Es sah so aus, als ob er etwa einen knappen Meter entfernt gewesen sei, aber dann kam er näher. Ich sah ihn nicht im Spiegel; ich sah ihn direkt über mir.

Wir hatten da drin ein sehr persönliches Gespräch, hauptsächlich über meine Mutter, aber auch über andere Familienangelegenheiten. Es schien die natürlichste Sache der Welt zu sein, so wie unsere Gespräche im Wohnzimmer, damals als ich ein Teenager war und auch noch, nachdem ich geheiratet hatte. Nur daß er jetzt tot ist!

Ich sah seinen Kopf, seine Brust und den oberen Bereich seines Unterleibs. Er war nicht in seiner ganzen Gestalt zu sehen, aber so deutlich, wie ich Sie jetzt sehe. Ich hatte das Gefühl, daß da immer noch etwas zwischen uns war, eine Energie oder so etwas Ähnliches. Ich sage das, weil ich Angst hatte, daß er nicht bleiben würde, wenn ich die Hand ausstreckte und ihn berührte.

Ich saß lange da und unterhielt mich mit ihm. Er schien ein bißchen amüsiert zu sein, so als ob er mich für ein wenig ungeduldig hielte, weil ich jetzt mit ihm reden wollte, anstatt zu warten, bis ich starb und hinüberging. Das war eine Vertauschung der Rollen, denn davor war ich immer die Geduldige gewesen und er derjenige, für den immer alles gleich passieren mußte und der immer zur Eile antrieb. Wenn ich jetzt darüber nachdenke, so hat er mich vielleicht wegen meiner Ungeduld so aufgezogen, wie ich ihn immer aufgezogen habe.

Ich sprach lange mit ihm, vielleicht dreißig Minuten, aber sie gingen so rasch vorbei.

Als letztes sagte er zu mir: ›Und du machst jetzt weiter und freust dich an deinem Leben.‹ Mir war so wohl, als er das sagte. Ich glaube nicht, daß ich mich seit seinem Tod so wohl gefühlt habe. Es war, als ob nun etwas abgeschlossen sei, und der Schmerz über seinen Tod ist vorbei. Dann verschwand er, und da war nur noch der Spiegel.«

In gewisser Hinsicht weist dieser Bericht starke Parallelen mit der Geschichte einer anderen Frau auf, die etwa Mitte fünfzig war. Achten Sie auf die Ähnlichkeiten:

»Meine Mama kam aus dem Spiegel heraus«

»Ich hatte vor Jahren eine Vision von meiner Mutter, noch bevor ich es je mit der Kristallomantie versucht hatte. Sie hat sich 1975 umgebracht. Mein Großvater, ihr Vater, war ein Pfarrer gewesen, und ich war mit dem Glauben aufgewachsen, daß Selbstmord die Sünde sei, für die am wenigsten Vergebung zu erwarten ist. Als sie starb, war ich darüber verzweifelt, daß ich sie verloren hatte, aber noch verzweifelter darüber, daß sie für immer verloren war.

Als ich zur Beerdigung ging, war ich außer mir vor Kummer. Aber eine kleine Stimme – ich nenne sie die kleine Stimme Gottes – sprach zu mir, und ich sah nach rechts und dann hinauf zur Decke, und da sah ich meine Mutter und Christus, die Hand in Hand gingen und sich von mir entfernten. Es war alles in Farbe und so natürlich wie das Leben. Sie blickten beide über die Schulter und lächelten mir zu und verschwanden dann.

Das war der Auslöser für meine spirituelle Suche. In diesem Moment wußte ich, daß viele Dinge, die man mir erzählt hatte, nicht der Wahrheit entsprachen.

Kaum ein Jahr später wurde mein Mann Bill getötet. Wir waren zehn Jahre verheiratet gewesen. Das war ganz entschieden meine dunkle Nacht der Seele. Seit dieser Zeit befinde ich mich auf dem spirituellen Weg.

Ich habe lange Zeit meditiert und versucht, auf eine tiefe Meditationsebene zu gelangen, um mit meinem Mann zu kommunizieren. Ich war also ganz gelassen, als ich in die Kabine ging.

Ich weiß nicht, wie lange es dauerte, bis etwas passierte, vielleicht zehn oder fünfzehn Minuten, vielleicht auch weniger. Aber nach einer Weile verlor ich den Spiegel aus dem Blick, und ich sah meine Mama.

Erst erschien in großer Ferne nur ihr Gesicht. Dann, als sie näher und näher kam, sah sie eher aus wie ein Gespenst, aber es war nicht erschreckend. Die Gestalt war nicht so hell und solide. Und da war etwas wie Rauch um sie herum.

Sie lächelte und nannte mich Vögelchen. So hatte sie mich genannt, als ich klein war. ›Vögelchen‹, sagte sie, ›ich bin gekommen, weil Bill nicht kommen kann. Ich bin schon ein bißchen weiter als er, und er hat noch eine Menge zu lernen. Er studiert. Aber es geht ihm gut, und er liebt dich sehr.‹

In diesem Moment kam sie aus dem Spiegel heraus. Es war, als ob sie einfach dort stünde. Ihr Gesicht hatte einen wunderbaren Ausdruck. Sie strahlte.

Mir wurde außerordentlich warm, und ich wußte nicht, ob es daher rührte, daß ich so aufgeregt war, oder ob es von der Energie kam, die sie umgab. Ihre Stimme hörte sich anders an, als wenn Sie und ich miteinander reden. Am besten läßt es sich so beschreiben: Ich arbeitete jahrelang bei einer Telefongesellschaft als Vermittlerin von Überseegesprächen. Wenn die Signale über Satellit gingen, dann nahm auch der Ton eine andere Qualität an. So hörte sich das an.

Es war keine Einbildung, was da geschah. Es war absolut real und sehr ehrfurchtsgebietend.

Das komische ist, daß meine Mama mir so nahe war, daß ich sie hätte berühren können. Ich weiß nicht, was passiert wäre, wenn ich es versucht hätte. Aber ich war so gefangen und konzentrierte mich auf das, was sie zu sagen hatte, und auf den Augenkontakt mit ihr, daß ich gar nicht daran dachte. Jetzt wünsche ich, ich hätte es getan, nur um zu sehen, was dann geschehen wäre.

Ich glaube nicht, daß ich laut mit ihr gesprochen habe. Ich denke, daß ich die Dinge nur im Geiste gesagt habe, aber ich bin mir dessen nicht ganz sicher. Sie antwortete mir so rasch, daß ich nicht glaube, Zeit zum Sprechen gehabt zu haben. Zumeist scheint es ein einseitiges Gespräch gewesen zu sein, das heißt, sie sprach zu mir. Es war, als sei ich irgendwie gebannt, voller Ehrfurcht, und beobachtete alles, was da vor sich ging.

Ich verbrachte vielleicht dreißig oder vierzig Minuten in der Kabine. Als die Sache zu Ende ging, verwandelte sich die ganze Szene in einen feinen Nebel, und sie verschwand.«

Dieses Erlebnis wendete das Leben der Frau zum Besseren. Sie wurde entspannter und umgänglicher. Wenn sie unter Streß steht, kann sie, wenn sie meditiert, ihre Mutter wiedersehen. »Gewöhnlich sehe ich Mama, wenn ich schwierige Probleme habe. Sie tröstet mich und sagt: ›Es ist in Ordnung‹ oder ›Alles wird gut für dich.‹ Es ist schön, daß sie das ist.«

»Sie sahen alle sehr lebendig aus«

Ein sechsundzwanzigjähriger Mann sah sich von Geistererscheinungen seiner verstorbenen Verwandten umringt und versuchte, sie zu berühren. Er war in der Hoffnung gekommen, seine verstorbene Schwester wiederzusehen. Hier die Geschichte, die er erzählte:

»Ich saß da, und plötzlich schienen diese drei Leute in den Raum zu treten. Es sah so aus, als seien sie aus dem Spiegel gekommen, aber so etwas hielt ich für völlig unmöglich und war daher geschockt. Ich wußte nicht, was los war.

Einen Moment lang dachte ich, Sie würden sich mit mir einen Scherz erlauben. Also streckte ich rasch die Hand aus, um sie zu berühren, und traf auf den Vorhang.

Aber ich sah sie noch immer. Ich warf einen Blick auf alle drei. Meine Schwester Jill war da, aber auch noch mein Freund Todd und mein Großvater. Sie sahen alle sehr lebendig aus und schauten mich an.

Ich hörte keine Stimme und kommunizierte auch nicht mit ihnen. Es passierte so schnell, und ich war total geschockt. Sie sagten nichts, aber sie sahen alle gut aus, und ich hatte das Gefühl, sie wollten mir vermitteln, daß es ihnen gutging.

Sie waren von einem Licht umgeben, das irgendwie anders war, nicht wie normales Licht. Sie waren von Licht erfüllt. Sie schienen sehr glücklich zu sein. Alles war völlig real. Ich spürte auch ihre Gegenwart. Es war so, als seien sie bei mir im Raum.«

Dieser Mann konnte sicher die Frustration des Odysseus nachempfinden, der versuchte, seine Mutter zu umarmen. Seither fragt er sich, wie sein Erlebnis wohl ausgefallen wäre, wenn er nicht versucht hätte, die Erscheinungen zu berühren. Er möchte nun diese Erfahrung wiederholen und diesmal die Vision ihren eigenen Lauf nehmen lassen.

Nachträgliche Visionen

Eine vierundvierzigjährige Frau kam, um ihren Mann wiederzusehen, der vor zwei Jahren gestorben war. Wir bereiteten uns den ganzen Tag über vor, indem wir über ihre Beziehung mit ihrem Mann sprachen. Am Abend begab sie sich in die Kabine. Nach einer Stunde kam sie mit der enttäuschenden Geschichte wieder heraus, daß sie schwache Visionen von – wie sie glaubte – einem Mann gehabt hätte. Es hatte keine Kommunikation stattgefunden, und das Bild verschwand auch rasch wieder.

Doch hier war nicht das Geschehen in der Kabine interessant. Wie einige andere Personen hatte auch sie eine nachträgliche Vision, eine Erscheinung, die zu einem späteren Zeitpunkt auftrat. Hier ist ihre Geschichte:

»Als ich da drin war, dachte ich, ich sähe etwas rechts von mir im Spiegel. Doch wenn ich den Blick fokussierte und direkt in den Spiegel sah, verschwand das Bild. Dann versuchte ich es erneut, ohne den Blick zu fokussieren, und sah etwas, das wie meine rechte Schulter aussah. Als ich wieder genau hinblickte, war es verschwunden. Es sah aus wie eine Person, aber ich vermochte nicht zu sagen, was es war.

Dann sah ich eine andere Gestalt. Ich weiß, es war ein Mann, aber ich hatte keine Ahnung, um wen es sich handelte. Tatsächlich dachte ich zuerst, Sie wären hereingekommen, um nachzusehen.

Dieser Mann befand sich sowohl innerhalb wie außerhalb des Spiegels. Er tauchte auf, und deshalb drehte ich mich nach rechts. Es war keine Widerspiegelung. Es war eine reale Gestalt, die aus dem Spiegel herauskam, aber als ich wieder hinsah, war sie verschwunden.

Da gab ich's auf. Ich kam die Treppe herunter und war wirklich enttäuscht, weil es, wie ich glaubte, nicht funktioniert hatte.

Dann ging ich nach Hause. In der ersten Nacht hatte ich das ganz bestimmte Gefühl, daß jemand da war. Ich war am Einschlafen, und es war, als ob jemand im Zimmer wäre. Dann wachte ich auf und hatte immer noch das Gefühl, daß jemand bei mir gewesen war, aber ich wußte nicht, wer.

In der zweiten Nacht wachte ich auf und hatte das starke Gefühl, daß mein Vater im Zimmer war. Ich merkte, daß er mit mir zu reden versuchte, aber ich konnte nicht herausbekommen, was er sagte. Danach konnte ich nicht wieder einschlafen.

In der dritten Nacht passierte es wieder. Es war nun das dritte Mal hintereinander, daß ich einschlief, aufwachte und eine Präsenz im Zimmer spürte. Diesmal wachte ich auf und roch die Aftershave-Lotion meines Vaters.

Ich war völlig wach, und dies war kein Traum, es war sehr konkret, sehr im Hier und Jetzt.

Ich blickte auf, und da stand mein Vater an der Tür meines Schlafzimmers. Ich stieg aus dem Bett und ging zu ihm hin. Es waren etwa vier Schritte. Er sah ganz so aus wie mein Vater, aber nicht mehr so kränklich, wie er es vor seinem Tod gewesen war. Er stand da in voller Gestalt und wirkte ein bißchen beleibter, als er es gewesen war, als er starb. Er sah wohl aus, so als sei alles wunderbar.

Ich hörte keine Stimme, aber ich verstand, was er sagte. Er wollte nicht, daß ich mir Sorgen machte. Ich gewann den deutlichen Eindruck, daß er mir sagte, alles sei in Ordnung.

Ich war sehr bekümmert gewesen, weil mein Vater ganz allein gestorben war. Niemand war bei ihm, und es gab eine Menge Probleme zum Zeitpunkt seines Todes – Fragen wie: Ober er wohl genug Sauerstoff bekam, um die Nacht durchzustehen? Das hatte mir großen Kummer gemacht, denn ich war das einzige Kind, und mein Vater und meine Mutter lebten getrennt.

Aber als ich ihn in jener Nacht sah, hatte ich wirklich den ganz deutlichen Eindruck, daß es ihm gutging und daß er mir sagte, ich solle mir keine Sorgen machen, und daß alles in Ordnung sei. Ich kannte seine Gedanken und er die meinen.

Und dann ging er einfach weg. Danach lag ich noch eine ganze Weile wach. Ich hatte das Gefühl, wirklich in seiner Gegenwart gewesen zu sein, und ich wollte dieses Gefühl nicht verlieren.«

Dieses Erlebnis verblüffte die Frau ein wenig. Sie war darauf vorbereitet gewesen, ihren verstorbenen Mann wiederzusehen, sah aber statt dessen die Geisterscheinung ihres Vaters. Dies machte ihr klar, daß die Methode der Kristallomantie ihr möglicherweise nicht gestattet, selektiv zu sein.

»Es war, als hätte ich mir einen großen Kuchennapf vors Gesicht gehalten, ein Loch hineingebohrt und gesagt: ›Ich möchte meinen Mann sehen‹«, erzählte sie. »Statt dessen mußte ich es offen lassen, wer zu mir kam.«

Seit diesem Erlebnis fühlt sich diese Frau sehr friedvoll, wenn sie an ihren Vater denkt. Sie hat keine Schuldgefühle und Ängste mehr. »Jetzt habe ich ein gutes Gefühl, wenn ich an ihn denke«, sagte sie, »ich spüre eine echte Verbindung.«

Diese Art von Erfahrung, die an den Tempelschlaf erinnert, hat sich bei einigen meiner Besucher wiederholt.

Sie tritt typischerweise bei den Menschen auf, bei denen sich in der Kabine nur wenig oder nichts ereignet, das heißt, sie haben eine dramatische Begegnung, nachdem sie nach Hause zurückgekehrt sind.

»Da stand Jane neben dem Bett«

Eine solche nachträgliche Vision erlebte auch ein Mann Ende Fünfzig, der fünf Jahre zuvor seine Tochter unter sehr tragischen Umständen verloren hatte. Er kam zu mir, weil er mit seiner Trauer nicht fertig werden konnte.

Er sah sie nicht, während er in der Kabine saß. Doch zwei Tage später erhielt ich einen Anruf von ihm, und er schilderte mir die faszinierende Begegnung, die sich am Abend zuvor ereignet hatte.

»Ich ging so nach halb zwölf ins Bett, gleich nach den Spätnachrichten im Fernsehen, und schlief sofort ein. Dann weiß ich nur, daß ich aufwachte und senkrecht im Bett saß. Ich wußte, daß meine Tochter im Zimmer war. Ich sah auf die Uhr, und es war zwei Uhr siebenunddreißig morgens.

Da stand Jane neben dem Bett. Ich hatte das gleiche Gefühl, das ich immer hatte, wenn sie vom College nach Hause kam und erst spät abends eintraf und noch in unser Zimmer kam. Es war, als sei sie vom College nach Hause gekommen und schaute nur herein, um ›hallo‹ zu sagen.

Sie sah wundervoll aus. Sie strahlte, sie leuchtete. Sie war glücklich und voller Leben. Sie sagte immer wieder: ›Du mußt dich beruhigen. Beruhige dich mal für eine Minute.‹

Ich hörte nicht ihre Stimme, keinen Laut. Aber sie richtete diese Gedanken auf mich, und sie waren so stark, als hätte ich sie selbst gehabt.

Von der Straße fiel das Licht durch die Vorhänge, und ich konnte sie sehr gut sehen. Ich muß Ihnen dazu sagen, daß ich die ganze Zeit über vollkommen wach war, das ist keine Frage. Und Sie wissen, daß ich mir nicht leicht irgendwelche Dinge einbilde.

Es war meine Tochter. Sie sagte mir, daß alles gut ist, daß es ihr gutgeht. Ich hatte den Gedanken, oder sie sagte es, daß der Tod ganz und gar nicht so ist, wie ich dachte. Sie war glücklich und lächelte. Und immer wieder sagte sie mir: ›Sei ganz ruhig. Ich kann nicht lange hierbleiben, aber es gibt nichts, worüber du dir Sorgen machen mußt. Mir geht es gut.‹

Und das war's. Sie sagte: ›Lebe wohl‹ und war verschwunden.«

Diese Episode dauerte der Uhrzeit nach vier Minuten, und als das Mädchen verschwand, geschah es so plötzlich, »als sei das Licht ausgeknipst worden«.

Der Mann ist davon überzeugt, daß er nicht eine Erscheinung, sondern wirklich seine Tochter gesehen hat. Seither empfindet er weniger Trauer über ihren plötzlichen Verlust. »Das war kein Traum, das war eine Erfahrung, wie man sie mit irgendeinem anderen menschlichen Wesen macht«, sagte er. »Ich habe keinen Zweifel, daß ich sie eines Tages wiedersehen werde.«

Aufgrund von Erfahrungen wie dieser machte ich es mir zur Gewohnheit, meine Psychomanteumsbesucher darüber zu informieren, daß sie möglicherweise erst nach ihrer Rückkehr eine Erscheinung sehen würden.

Tatsächlich lerne ich mit jedem neuen Klienten, der das Theater des Geistes aufsucht, mehr über das Heraufbeschwören von Erscheinungen Verstorbener und passe meine Prozedur ständig diesen neuen Erkenntnissen an.

Ich erkläre den Menschen, die zu mir kommen, auch, daß spontane Erscheinungen in vielen Formen auftreten und auch alle Sinne ansprechen können. Die meisten Erfahrungen sind visueller Art, das heißt, die betreffende Person sieht eine Erscheinung. Ein hoher Prozentsatz ist auditiver Art (einer Studie zufolge 27 Prozent), gefolgt von denen taktiler Art (13 Prozent).

Bei den nächsten drei Fällen handelt es sich um Beispiele auditiver Erfahrungen.

»Er ist zu verlegen, um zu sprechen«

Eine Psychiaterin Ende Dreißig kam in der Hoffnung ins Psychomanteum, ihren Vater wiederzusehen. Er hatte in den letzten Jahren vor seinem Tod seine Familienangehörigen immer wieder beschimpft und ihnen laufend Vorwürfe gemacht.

Um die Erinnerung an ihren Vater heraufzubeschwören, brachte sie eine seiner Holzarbeiten und einige Familienfotos mit. Der Vater war drei Jahre zuvor gestorben, und in den Jahren vor seinem Tod war ihre Beziehung sehr gespannt und konfliktgeladen gewesen. Angesichts dieser Probleme waren die Resultate ihrer Sitzung faszinierend:

»Ich saß eine ganze Weile da drin, bevor sich irgend etwas tat. Ich sah verschiedene Bilder und Formen und Farben im Spiegel, meistens Muster. Dann hörte ich zu meiner Überraschung plötzlich meine Großmutter zu mir sprechen. Ich hörte ihre Stimme sehr deutlich, die ich ja in all den Jahren seit ihrem Tod nicht mehr gehört hatte.

Ich sagte: ›Großmutter, bist du das?‹

Und sie sagte: ›Ja, ich bin's.‹ Und dann: ›Ich bin mit Howard und Kathleen (mein verstorbener Onkel und meine verstorbene Tante) hier, und dein Vater ist auch da.‹

Ich fragte: ›Kann er kommen und mit mir reden?‹

›Nein‹, erwiderte sie, ›er ist zu verlegen.‹

Ich bin mir sicher, daß sich mein Vater genierte, weil er in den letzten acht Jahren seines Lebens seinen Kindern die kalte Schulter gezeigt hatte. Ich denke, er hatte auch ein paar paranoide Vorstellungen von seinen Lieben, die nicht der Wahrheit entsprachen. Irgendwie glaubte er, wir wollten ihm ans Leder.

Der Unterhaltung, die ich mit meiner Großmutter führte, entnahm ich, daß er weiß, daß wir nicht so waren, und nun genierte er sich wahrscheinlich wegen seines Benehmens und mancher schrecklicher Dinge, die er gesagt hatte.

Was die Erfahrung selbst angeht: Ich habe eine Menge schizophrener Patienten von Stimmen reden hören, aber sehr oft erzählen sie von befehlenden oder kritischen Stimmen oder einfach Gemurmel und Gesumme.

Die Stimme meiner Großmutter hatte nichts davon. Es klang genau wie ihre Stimme. Es war, als ob sie in der Nähe sei. Es war allerdings merkwürdig. Ich hatte sie ganz und gar nicht erwartet, und doch hatte ich das Gefühl, daß sie bei mir in der Kabine war.«

»Es war genau so, als ob sie da wäre«

Ein Besucher meines Totenorakels, der ebenfalls eine paranormale Stimme hörte, war ein Mann Mitte Zwanzig, der eine Freundin wiedersehen wollte, die, als die beiden noch Teenager waren, bei einem Unfall ums Leben gekommen war. Zwar sah er das Mädchen nicht, aber seine Erfahrung war dennoch zufriedenstellend.

»Ich glaube, nach nicht mehr als fünf Minuten hörte ich die Stimme dieser Freundin, die bei einem Bootsunfall ums Leben gekommen war. Es war, als spräche sie zu mir. Ich rede hier nicht von Gedanken oder Tagträumen oder Einbildung. Ich habe noch nie so etwas gehört.

Sie redete einfach mit mir und sagte, es sei wundervoll da, wo sie sei. Ich konnte jedes Wort ganz genau verstehen. Da war so etwas Gewisses in der Stimme wie ein Echo, denke ich, so als ob sie durch eine Metallröhre spräche. Aber es war definitiv ihre Stimme.

Ihr Tod war damals sehr schlimm für mich; für alle Freunde. Bislang war noch nie einer unserer Freunde oder Familienangehörigen gestorben, es war das erste Mal, daß mir so etwas passierte. Ich hätte mir gewünscht, ihr Lebewohl sagen zu können oder ihr mitzuteilen, wieviel mir an ihr lag.

Und so war dies eine wunderbare Erfahrung. Es war so beruhigend und tröstlich, so als befände ich mich in ihrer Gegenwart. Ich habe sie nicht gesehen, aber es war genau so, als ob sie da wäre.«

»Da war ein unmittelbarer emotionaler Kontakt«

Der folgende Teil war sehr aufregend für mich, da es sich um meine erste Testperson handelte, die eine Nahtoderfahrung hinter sich hatte. Ihre Geschichte war traurig. Nur wenige

Monate, nachdem ihre jüngere Schwester bei einem Autounfall ums Leben gekommen war, wäre auch sie beinahe bei einem Autounfall getötet worden. Infolge dieses Unfalls hatte sie eine Nahtoderfahrung und sah ihre verstorbene Schwester. Sie begegnete ihr, nachdem sie ihren Körper verlassen hatte, und durchlebte eine tiefe emotionale Erfahrung, wie sie sie noch nie zuvor gemacht hatte. »Ich stellte fest«, so berichtete sie, »daß der physische Körper tatsächlich Emotionen abhält. Als ich meinen Körper verlassen hatte, lagen meine Emotionen bloß. Als ich mich außerhalb meines Körpers befand, verbanden sich meine Emotionen gleichsam mit den ihren. Es fand ein unmittelbarer emotionaler Kontakt statt.«

Ihr Fall bot mir die faszinierende Möglichkeit, eventuell die Resultate der Kristallomantie-Sitzung mit der Nahtoderfahrung vergleichen zu können. Hier ihr Bericht:

»Zuerst hatte ich das Gefühl, der Spiegel steige in die Höhe. Immer weiter. Dann sah ich Bilder in Form von Gestalten und Lichtblitzen aus ihm herauskommen. Dann sah ich ein rotes Licht, in dessen Mitte sich ein grüner Nebel befand. Und dann hörte ich meine kleine Schwester sagen: ›Ich bin hier.‹

In meinem Inneren sagte ich: ›Ich würde dich gerne sehen.‹ Und sie antwortete: ›Ich bin ja da.‹

Also versuchte ich mich zu entspannen, aber ich konnte sie nicht physisch sehen. Doch ich spürte sie! Ich spürte, daß sie mich auf die Wange küßte, so wie wir es immer getan hatten, als sie noch am Leben war. Und dann hörte ich sie sagen: ›Ich bin hier.‹

Ich konnte sie nicht sehen, aber ich wußte, daß sie das war. Ich konnte die Liebe ihrer Gegenwart spüren. Es blitzten auch Erinnerungen in mir auf. Ich sah uns beide im Zimmer sitzen und Schallplatten hören. Ich sah uns auch üben, damit sie ins Cheerleader-Team aufgenommen wurde. In diesem Moment fühlte ich auch Liebe, dieselbe Liebe, die ich empfand, als diese Ereignisse vor Jahren stattgefunden hatten.«

Ich bat sie, diese Erfahrung mit ihrer Nahtoderfahrung zu vergleichen. Bei der Nahtoderfahrung hatte sie ihre Schwester gesehen, in der Kabine hatte sie sie nur gehört und gespürt. Aber auf emotionaler Ebene bestand kaum ein Unterschied, sagte sie. »Es war, als hörte ich eine physische Stimme. Ich konnte sie sprechen hören. Es war, als ob sie sich herunterbeugte und in mein Ohr spräche.«

Zur Bewältigung von Trauer und um des Wissens willen

Der griechische Begriff *Psychomanteum* umfaßt das Heraufbeschwören von Totengeistern als Mittel der Weissagung, das heißt, den Geistern können Fragen über die Zukunft und zu anderem verborgenen Wissen gestellt werden. Puristen werden einwenden, daß die Anlage, die ich für meine Forschungszwecke geschaffen habe, kein Psychomanteum ist, da wir die Totengeister nicht zum Zwecke der Weissagung heraufbeschwören. Vielmehr kamen (und kommen) die Menschen in der Hoffnung, ihre Sehnsucht nach der Gegenwart jener zu stillen, die sie an den Tod verloren haben. Es mag sein, daß bezüglich der Zielsetzung zwischen jenen alten Institutionen und meiner gegenwärtigen Einrichtung ein Unterschied besteht. Ich vermute aber doch, daß sie einander in ihrer alltäglichen Wirkungsweise ähnlich sind.

Durch meine Arbeit mit dem Heraufbeschwören von Erscheinungen ist mir klargeworden, welchen wichtigen Stellenwert die Trauer im menschlichen Leben einnehmen kann. Der griechische Historiker Plutarch erzählt eine anrührende Geschichte, die diesen Punkt illustriert. Ein prominenter und reicher Mann namens Elysios war vom Verdacht besessen, daß sein junger verstorbener Sohn möglicherweise vergiftet worden sei. In seiner Qual suchte er ein Psychomanteum auf, das im heutigen Süditalien gelegen war und offensichtlich eine Methode der Trauminkubation anwandte. Nachdem er die vorgeschriebenen Rituale vollzogen hatte, schlief er ein und hatte eine Vision. Es erschien ihm sein Vater, der auf ihn zukam. Elysios berichtete seinem Vater von dem Geschehen und bat ihn, die Ursache für den Tod seines Sohnes zu ergründen. Dem Vater war ein junger Mann gefolgt. Und wie es auch einige Male in meinem Psychomanteum vorkam, erkannte Elysios diese Person zunächst nicht, die sich als sein Sohn entpuppte. Dieser versicherte ihm dann, daß er eines natürlichen Todes gestorben war.

Ich glaube, daß sich die Motive für unser Interesse an solchen Wiederbegegnungen nicht von denen der alten Griechen unterscheiden. Ich bin mir sicher, daß damals wie heute die meisten Menschen in einem Psychomanteum nicht das Abenteuer suchten, sondern Wissen, Trost, einen Abschluß unvollständiger Ereignisse und vielleicht sogar Erquickung.

5. *Ein Weg zur Selbstfindung*

> Ich schien in einer Welt der Geister umherzuwandern und fühlte mich selbst als Schatten eines Traums.
>
> Aleksej Tolstoj

In unserer modernen Welt sind Reflexion und Meditation hinter die Technologie zurückgetreten. Unser hektisches Lebenstempo hat uns auf sehr reale Weise den Kontakt mit uns selbst verlieren lassen. Der Kampf, sich zu behaupten, hat es mit sich gebracht, daß es uns schwerfällt, mit unseren inneren Gefühlen in Berührung zu kommen. Und hier kann uns die Kristallomantie helfen. Visionen, die das Resultat einer ungebundenen Form von Spiegeltrance sind (nicht das Ziel der Heraufbeschwörung einer Geisterscheinung haben), führen manchmal zu Einsichten in jene tiefe innere Quelle, die wir das Unbewußte nennen.

»Ich spüre eine extreme Angst«

Eine vierundvierzigjährige Frau, die ich in die Technik der Kristallomantie eingeführt hatte, begann selbst damit zu experimentieren. Sie hatte seit Jahren mit Hilfe der traditionellen Psychotherapie nach einer Lösung für ihr persönliches psychisches Dilemma gesucht. Nach einigen Sitzungen vor dem Spiegel war in ihr eine Erinnerung aufgestiegen, die ihr zu großen Fortschritten bei ihrem Selbstverständnis verhalf. Hier ist ihre Geschichte:

»Als ich es mit der Spiegeltrance versuchte, kamen in mir äußerst intensive Gefühle hoch. Mir wurde klar, daß ich mich in bestimmte Gefühle einklinkte, die ich im Zustand des Alltagsbewußtseins abblockte.

Ich spürte eine extreme Angst, war mir aber nicht sicher, worum es dabei ging. Manchmal sprang ich sogar auf und ging weg aus Angst vor dem, was ich sehen würde.

Ich merkte, daß ich mich vor allem davor fürchtete, allein weitermachen und mich um mich selbst kümmern zu müssen. Auch hatte ich eine schreckliche Angst vor dem Versagen.

Ich sah verschiedene Gesichter und Situationen. Und jede zeigte, wie sehr ich von Angst zerfressen war.

Bei einer Sitzung sah ich mein Beziehungsmuster mit anderen Menschen. Es hatte in meiner Kindheit seinen Anfang genommen und damit zu tun, daß ich das älteste Kind war und mich um die anderen Kinder in der Familie kümmern mußte.

Ich sah mich selbst, bevor meine Brüder geboren wurden, als ich noch jedermanns Augapfel war. Dann kamen meine Brüder zur Welt, und alles änderte sich. Die Leute schenkten ihnen ihre Aufmerksamkeit und nicht mir. Und um die Aufmerksamkeit und Zustimmung meines Vaters zu erringen, wurde ich zu der, die sich um alles kümmerte. In einem Bild sah ich, wie ich meine Brüder badete, während meine Eltern im Wohnzimmer saßen.

Um mich anzupassen, stellte ich mich in meinen Beziehungen mit männlichen Personen immer hintan. Mußte eine Beziehung gerettet werden, dann war ich stets diejenige, die alle Anstrengungen unternahm. Ich konnte Situationen sehen, in denen ich Dinge tat, die ich eigentlich nicht tun wollte, nur um den Männern in meinem Leben gefällig zu sein.

Dann sah ich ein Familienereignis. Mein Großtante wurde neunzig, und meine Mutter und mein Bruder planten eine Wochenendparty für sie. Im Spiegel sah ich, wie ich mich einmischte und die Sache übernahm. Ich sah, wie ich meine Mutter anrief und ihr sagte, daß ich das Essen für Freitag abend mitbringen würde.

Diese Bilder schmerzten mich. Mir wurde klar, daß meine sogenannten Freunde und Verwandten nicht aus Freude am Zusammensein zu mir kamen, sondern nur, um meine Hilfe für irgend etwas zu erbitten. Durch diese Sitzungen vor dem Spiegel erkannte ich, daß ich von Bürden erdrückt wurde und daß ich überhaupt keinen Spaß am Leben hatte.«

Nach diesen visionären Erfahrungen veränderte sie viele ihrer Lebensmuster. Sie hörte auf, freiwillig Verpflichtungen zu übernehmen, die ihr keinen Spaß machten. Statt einzuspringen und bei Familientreffen alles in die Hand zu nehmen, ließ sie es sich nun gutgehen und gestattete es den anderen, die Regie für die Show zu übernehmen. Gleiches galt auch für die Beziehung zu ihren Kindern, für die sie immer die Entscheidungen gefällt hatte. Jetzt läßt sie diese ihre eigenen Fehler machen und mischt sich nicht weiter ein. »Jetzt sage ich ihnen nicht mehr, was sie tun sollen, sondern mache nur Vorschläge und lasse es dann auf sich beruhen«, erzählte sie.

Visionen in symbolischer Gestalt

Die eben geschilderte Erfahrung spielte sich in »realen«, nicht symbolischen Bildern ab. Das macht es für die betreffende Person einfacher, weil es hier nicht viel zu interpretieren gibt. Visionen, die in symbolischer Gestalt auftauchen, sind schwieriger zu deuten. Sind sie aber in ihrer Bedeutung erst einmal erfaßt, können sie sich als ebenso lohnend erweisen wie Bilder ohne symbolischen Inhalt. Manchmal sind sie sogar noch wertvoller, da die betreffende Person dann über eine Vielfalt von Dingen in ihrem Leben sprechen kann, die sich auf diese Symbole beziehen könnten.

Wie Sie sehen werden, ist die folgende Kristallvision reich an symbolischem Gehalt:

»Ich fürchte mich schrecklich vor Schlangen. Während der Sitzung sah ich einige Male, wie eine Schlange Gestalt annahm.

Bei einer meiner Visionen wurde das Haus, in dem ich aufwuchs, von einer Schlange angegriffen, die fast ebenso groß war wie das Haus. Sie richtete sich auf und zischte und ließ ihre Zunge herausschießen, so als wollte sie gleich zubeißen. Dann kam eine zweite Schlange hinzu, die ebenso groß war. Sie war anders als die erste. Sie war blau und hatte wunderschöne blaue Augen und lächelte.

Als ich sie sah, dachte ich: ›Ist das nicht lieb?‹ Aber dann bekam ich Angst und rannte weg. Ich traute ihr nicht.«

Anschließend sprachen wir über diese Vision. Überraschenderweise sagte sie, ohne lange zu zögern, diese Bilder hätten mit Vertrauen zu tun.

Im Zusammenhang mit den unterschiedlichen Charakteren der beiden Schlangen erklärte sie mir: »Es ist fast so, als hätte ich Angst, die Leute würden sich mir erst auf die eine Weise zeigen und sich dann plötzlich gegen mich wenden. Ich traue den Menschen nicht. Ich denke, erst sind sie so und dann so. Ich fühle mich getäuscht.«

»Ich sah einen Pfau«

Eine Frau, die es mit dem Spiegel versuchen wollte, nur »um zu sehen, was dabei herauskam«, hatte ebenfalls eine Vision mit symbolischem Gehalt. Ich war ihr gerne behilflich, da mich die Visionen von Menschen faszinieren, die nicht nach etwas Bestimmtem suchen. Dies ist eine exzellente Gelegenheit, die Möglichkeiten der Kristallomantie an ganz normalen Menschen zu erproben, die einfach nur an einer Selbsterkundung interessiert sind.

Diese dreiundzwanzigjährige Frau studierte an einer Universität im Süden der USA. Sie sagte, sie sei nicht besonders stark religiös geprägt und habe auch kein spezielles Interesse an dieser Thematik. Doch der Inhalt ihrer Kristallvision läßt vermuten, daß sie auf der Suche nach irgendeiner Form von Spiritualität war. Hier ihr Bericht:

»Ich setzte mich [in der Kabine] und machte vielleicht so etwa fünf Minuten lang tiefe Atemzüge und entspannte mich. Zunächst konnte ich nur den Rahmen des Spiegels und seine schwarze Fläche sehen. Ich starrte eine Weile darauf, und dann fingen diese Schatten zu tanzen an. Dann traten die Schatten aus dem Spiegel heraus und tanzten mit mir in der Kabine!

Bald wurde diese Vision im Spiegel grau und nebelig. Dann bewegte sich der Spiegel in Segmenten. Teile von ihm entfernten sich von mir, während andere Teile auf mich zukamen. Dann konnte ich weder den Rahmen noch den Spiegel sehen, und ich merkte, daß mich der Spiegel geschluckt hatte. Ich befand mich im Inneren des Spiegels!

Dann sah ich einen Pfau. Er stand von mir abgewandt. Dann drehte er sich um, und ich war von seiner Farbenpracht überwältigt. Er schlug ein Rad. Er war riesig!

Er schien ein menschliches Gesicht zu haben, wenngleich ich seine

Züge nicht erkennen konnte. Dann sah ich etwas hinter dem Pfau. Ich nahm so etwas wie eine schwarze männliche Person auf einem Opferaltar wahr. Die Arme und der Kopf hingen vom Altar herunter, und sie schien tot zu sein. Ihr Gesicht war mir zugewandt, aber von Haaren bedeckt, so daß ich es nicht genau sehen konnte.

Dann kam der Spiegel wieder auf mich zu. Ich sah nur einen großen Triangel, wie man ihn benutzt, um zum Essen zu rufen, und ein kleines Metallstückchen, um ihn zum Klingen zu bringen. Dann läutete die Glocke einige Minuten lang, wie mir schien. Es war ein langsames Klingen, so wie bei einer Kirchenglocke, und ich entspannte mich so sehr, daß ich beinahe einschlief.

Aber bevor das geschah, tanzte ich mit Jesus Christus! Und als ich mich umsah, merkte ich, daß wir beim Letzten Abendmahl tanzten! Wir tanzten um den Tisch herum, und dann kam eine schwarze Frau und führte mich weg.«

Wie viele andere Personen empfand auch diese Frau ihre Sitzung als eine der entspannendsten Erfahrungen, die sie je gemacht hatte. Obgleich sie sagte, daß sie die Bedeutung ihrer Visionen nicht verstünde, denke ich, daß sie den Versuch machte, mit der Rolle, die die Religion in ihrem Leben spielt, zu Rande zu kommen. Der Pfau ist zum Beispiel ein uraltes Symbol für Christus. Ihre Beschreibung, wonach er »riesig« und überwältigend schön aussah, besagt meiner Meinung nach, daß sie sich zur christlichen Botschaft der Liebe hingezogen fühlt, die sich hinter der zu einem Großteil von ihr abgelehnten Doktrin verbirgt. Auch die Tatsache, daß Christus für sie eine religiöse Gestalt annahm, mit der sie tanzen konnte, zeigt einen Glauben an seine Güte und Wärme.

Die schwarze Person auf dem Altar könnte für Verfolgung stehen. Da sie zugleich mit dem Pfau/Christus auftauchte, wage ich die Vermutung, daß sie eine Form christlicher Verfolgung repräsentiert. Die schwarze Frau, die sie vom Letzten Abendmahl wegführte, war wahrscheinlich eine Kinderfrau aus ihrer Kindheit.

Diese Frau suchte wahrscheinlich nach mehr Spiritualität in ihrem Leben und fühlte sich von den gütigeren Aspekten der christlichen Religion angezogen.

Die beiden hier erwähnten Fälle sind Beispiele dafür, wie mit der Methode der Kristallomantie unbewußte und aufschlußreiche Gedanken und Gefühle, die knapp unter der Bewußtseinsoberfläche lebendig sind, zum Vorschein gebracht werden können. In der Psychotherapie geschieht dies ebenfalls. Ein Vorteil dieser Methode besteht jedoch darin, daß sie weniger Zeit in Anspruch nimmt und gewöhnlich auf anschaulichere Weise zeigt, was sich in den inneren Reichen des Geistes abspielt.

Blick ins Unbewußte

Die Kristallomantie kann auch Psychotherapeuten helfen herauszufinden, was sich im Unbewußten der Menschen abspielt, die sich hilfesuchend an sie wenden.

Freud glaubte – und viele teilen seine Meinung –, daß Träume der »Königsweg zum Unbewußten« sind. Er hatte das Gefühl, daß sie die Motivationen hinter jenen Impulsen und Aktionen aufdecken, die von unserem Unbewußten, wenn wir wach sind, geleugnet werden.

Meiner Meinung nach können auch Kristallvisionen Hinweise auf den Inhalt unseres Unbewußten geben. Da die in der spiegelnden Fläche gesehenen Bilder weitgehend Schöpfungen des Geistes desjenigen sind, der sie sieht, kann man sie wohl als sogenannte Projektionstests betrachten, in etwa zu vergleichen mit dem berühmten Rorschach-Test. Ein solcher Test kann bei der Auslotung des geistigen Zustands eines Klienten sehr hilfreich sein.

Ich konnte mit Hilfe dieser Methode die verschiedensten Probleme bei Menschen diagnostizieren, darunter spezielle Ängste, Depressionen und Eheprobleme.

In derartigen Fällen bitte ich die betreffende Person, eine bestimmte Prozedur zu befolgen, so wie es auch die Trauminkubationspriester im alten Griechenland gemacht haben müssen. So sollen sie sich am Tag vor der Sitzung eine Vorstellung von dem Thema machen, um das es geht. Wenn sich zum Beispiel eine Frau Gedanken über ihre Beziehung zu ihrer Mutter macht, so bitte ich sie, am Vortag mehrmals über sie nachzudenken. Auf diese Weise werden die Bilder, die bei der Sitzung aufsteigen, sehr wahrscheinlich um das anstehende Thema kreisen. Wie bei der Trauminkubation tauchen dann Bilder auf, die sich intensiver als das reale Leben ausnehmen und symbolisch gehaltvoller als gewöhnliche Gedanken sind.

Im Gegensatz zu den Träumen, die dem Psychotherapeuten erst Stunden, wenn nicht Tage später erzählt und vom Patienten nicht mehr unbedingt vollständig erinnert werden, können die Kristallvisionen während der therapeutischen Sitzung produziert werden. So wird der Zugang zu unbewußtem Material eröffnet, das sofort bearbeitet werden kann.

Der Insulaner

Ein Beispiel für die Anwendung der Kristallomantie als therapeutisches Hilfsmittel bietet der Fall eines rauhbeinigen Studenten aus dem ländlichen Süden. Er erklärte sofort, daß er keine besonders gebildete Person sei und seine Eltern genausowenig. Seine Mutter war Hausfrau und sein Vater Versicherungsvertreter.

Zum Zeitpunkt, als er zu mir kam, lebte er noch immer bei seinen Eltern. Er sprach mit flacher, emotionsloser Stimme über dieses Arrangement. Doch am Ende der Sitzung war er bereit zuzugeben, daß es zu Hause tatsächlich Probleme gab. Er berichtete folgendes:

»Ich sah eine Gruppe von Leuten an einem Strand. Sie hatten ein Feuer gemacht und brieten irgend etwas, das wie Fisch aussah. Ich war weniger am Essen interessiert als vielmehr an den Menschen und dem Ort.

Wir befanden uns auf einer Insel, die nicht sehr groß war. Ich konnte Hügel hinter uns sehen und hatte das Gefühl, daß ich die Insel in null Komma nichts umrunden könnte.

Wir waren sehr farbenprächtig gekleidet, und das Material der Kleidung wirkte fast wie Papier. Diese Röcke, die wir trugen, raschelten beim Umhergehen wie Papierschlangen. Es waren knallbunte Farben, die einen starken Kontrast zum hellen Grün der Bäume und dem leuchtenden Rot der Blumen bildeten.

In der nächsten Szene rannte ich mit einer Gruppe dieser Leute den Strand entlang, und wir sammelten in den seichten Gewässern die Fische ein, welche die Ebbe zurückgelassen hatte. Wir waren glücklich. Es gab auch eine Menge Früchte auf dieser Insel, alle süß und nahrhaft.

In der Gruppe herrschte so etwas wie ein Stammesgefühl. Ich hatte nicht den Eindruck, daß irgend jemand meine Mutter oder mein Vater war, sondern wir waren alle irgendwie eins. Das überraschendste an allem war, daß ich nicht sagen konnte, ob ich weiblich oder männlich war. Ich war nur sehr jung.

Zu einer Person hatte ich eine starke Verbindung. Es war ein alter Mann dieses Stammes, eine fröhliche Person mit einem unheimlich dicken Bauch und gelocktem schwarzen Haar. Er war der Anker meines Lebens. Ich kann mich erinnern, daß ich am Strand saß und mich mit ihm unterhielt und mich sehr wohl fühlte, aber ich weiß nicht mehr, worüber wir sprachen.«

Ich fand es interessant, daß er in dieser Geschichte auf einer Insel lebte und nicht erwachsen werden konnte. Als ich dies ihm gegenüber erwähnte, stimmte er mir zu. Dieser Aspekt schien seine gegenwärtige Lebenssituation widerzuspiegeln. Die Eltern empfanden sowohl Angst als auch Ablehnung angesichts der Tatsache, daß ihr Sohn »flügge« geworden war und Dinge erkundete, die sie nicht wirklich verstanden. Er drückte es so aus: »Sie versuchen immer wieder, mich in den Sumpf zurückzuziehen«, womit er sagen wollte, daß sie versuchten, ihn als ihr Kind zu Hause zu halten.

Als wir uns über seine Erfahrung unterhielten, wurde mir klar, daß der alte Mann, dem er sich so nahe gefühlt hatte, nicht seinen Vater repräsentierte, den er im übrigen nicht sonderlich respektierte. Er konnte auch nicht für einen seiner beiden Großväter stehen, da beide vor seiner Geburt gestorben waren. Nachdem wir eine Weile über diesen Punkt gesprochen hatten, kam er zu dem Schluß, daß es sich bei diesem alten Mann am Strand um einen freundlichen Polizisten in seiner Nachbarschaft handelte, der ihm in der Kindheit ein Freund gewesen war.

Diese eine Sitzung half dem Mann, sich mit einigen seiner Probleme auseinanderzusetzen. Durch den Einsatz der Kristallomantie konnten wir bis zum Kern des Dilemmas seines jungen Lebens vordringen. Er sprach noch einige Male mit mir über die Bedeutung dessen, was er gesehen hatte, und beschloß dann, aus dem Elternhaus auszuziehen und sein eigenes Leben zu führen.

Kristallomantie als Demonstrationsmittel

Als Psychologieprofessor stellte ich fest, daß ich meinen Studenten mit Hilfe der Kristallomantie unsere unbewußten mentalen Prozesse sehr wirksam demonstrieren kann. Ziel ist hier nicht, eine Wiederbegegnung mit verstorbenen Verwandten herbeizuführen oder auch nur unbewußte Gefühle zu erkunden. Vielmehr soll ihnen gezeigt werden, daß das Unbewußte aktiv ist, auch wenn sie meinen, daß dem nicht so ist.

Ich führe mit meinen Studenten häufig Kristallomantie-Gruppensitzungen durch, wobei ich auch schon vierzig Studenten hatte, die gleichzeitig in eine spiegelnde Fläche blickten. Einer solchen Demonstration begegnet der Kurs zunächst immer mit Skepsis. Wenn dann die Sitzung beginnt, höre ich die Studenten angesichts dessen, was sie da erblikken, nach Luft schnappen. Am Ende sitzen die meisten mit offenem Mund da und staunen über das, was sie gerade getan und gesehen haben. Ein Student sagte über seine Erfahrung: Es war, als hätte ich einen »Videorekorder in meinem Kopf.« Eine Studentin war verblüfft, daß sich ihre Erinnerungen wie »dreidimensionale Filme« ausnahmen.

Diese Gruppensitzungen erwecken in den Studenten immer ein Gefühl der Verwunderung und des Staunens, das sie für das ganze Semester mit Energie erfüllt. Und obgleich ich an die Rätselhaftigkeit der Kristallomantie gewöhnt bin, haben manche dieser Sitzungen Ergebnisse produziert, die sogar mich verblüfften und mir klarmachten, daß es viel über das Unbewußte zu lernen gibt.

Bei einer dieser Demonstrationen ließ ich eine Gruppe von Studenten in einen Spiegel blicken. Ich beobachtete, wie einer von ihnen tiefe Atemzüge machte, um sich zu entspannen. Als er dann in den Spiegel blickte, weiteten sich seine Augen. Später berichtete er mir, was er gesehen hatte:

»Ich versuchte, die Visionen zu erzwingen. Dann war ich frustriert und entspannte mich. Und als ich das tat, hatte ich plötzlich das Gefühl, gleichsam transferiert zu werden, wobei ich eine Drehung um 180 Grad machte, plötzlich im Spiegel saß und auf den Platz blickte, wo ich vorher gesessen hatte. Ich hatte so etwas wie ein sausendes Gefühl, und da war ich im Spiegel.

Dann kamen die Visionen. Ich erinnere mich, daß ich eine Ebene sah, auf der sich eine Menge Cowboys und Indianer tummelten. Ich sah die Farben der Kriegsbemalung und die Farben der Kleidung. Da war eine Szene, in der die Indianer und Cowboys überall um mich herum über die Steppe jagten. Ich befand mich mitten ›in‹ dieser Szene.«

Woher kamen all diese Bilder aus dem amerikanischen Westen? Für den Studenten war dies kein Rätsel. Als Kind war er von der »Cowboykultur« des Wilden Westens geradezu besessen gewesen. Alle Erinnerungen daran stiegen wieder in ihm hoch, auch wie er einen Cowboyhut getragen und sich einen Spielzeugrevolver umgeschnallt hatte.

Angesichts der Faszination, die der Wilde Westen auf ihn ausgeübt hatte, ergab seine Erfahrung Sinn. Was ihn verblüffte, war die Tatsache, daß seine Visionen weitaus realistischer als ein Traum und auch vergnüglicher gewesen war.

»Ich war wach und mitten drin in dem Getümmel«, berichtete er. »Da reichen Träume nicht ran.«

Auch andere sehr überraschende Dinge ereigneten sich bei diesen Demonstrationen. Bei einer Gelegenheit beschrieben sieben Studenten, die an den unterschiedlichsten Plätzen saßen, dieselbe Vision. Ich habe keine Antwort darauf, warum sieben von dreißig Studenten einen Mann mit einem Turban sahen. Ein andermal sahen zwei Studenten, die an verschiedenen Tischen saßen, eine Ballettänzerin in ihrem Spiegel. Wiederum ein andermal sah ein Mann einen entzündeten Zahn. Als er den anderen von seiner Vision erzählte, schnappte die Frau neben ihm nach Luft und sagte, ihr sei am Morgen ein entzündeter Zahn gezogen worden.

Bei keinem dieser Fälle hatte es zuvor irgendeine Einführung oder Diskussion gegeben, die diese Bilder hätte auslösen können.

Der Wert dieser Demonstrationen liegt darin, daß sie den Psychologiestudenten und anderen zeigen, daß das Unbewußte nicht nur ein abstrakter Gedanke ist, sondern eine reale Ebene des menschlichen Geistes darstellt, die unsere tiefsten Gedanken beherbergt. Und indem ich sie in der Methode der Kristallomantie unterrichte, vermittle ich ihnen ein Verständnis für dieses schwierige Konzept. So sagte ein Student: »Bis jetzt wußte ich nie, woher diese Bilder kommen. Ich wußte zwar immer, daß unbewußte Bilder keine Erfindungen sind, aber jetzt weiß ich, wie real sie sind.«

Ein Strom des Wissens

William James bezeichnete das Unterbewußtsein als einen Strom, der ewig die bewußten wachen Stunden eines Menschen durchfließt. Diese Beschreibung erweckt Ehrfurcht, wenn wir uns klarmachen, wie wenig wir über den Inhalt dieses Stroms wissen. Die Kristallomantie bietet die Möglichkeit, diesen unsichtbaren Wissensstrom anzuzapfen, und hilft vielleicht dabei, unsere tiefsten Gedanken und die am tiefsten vergrabenen Erinnerungen zum Vorschein zu bringen. Sollte dies der Fall sein, kann sie als ein Instrument psychologischer Erkundung eingesetzt werden. Unter Umständen wird dadurch auch die Zeit, die jemand bei einem Analytiker verbringen müßte, erheblich verkürzt.

6. *Schaffen Sie sich Ihr eigenes Psychomanteum*

> Ein See ist der augenfälligste und ausdrucksvollste Charakterzug einer Landschaft. Er ist das Auge der Erde, durch das der Betrachter, der ihn mit seinen Augen schaut, die Tiefen seiner eigenen Natur auslotet.
>
> Henry David Thorerau

Das Praktizieren der Kristallomantie stellt eine Form der Selbsterforschung dar. Und wie bei jedem Forschungsunternehmen muß man sich in die richtige Stimmung versetzen und über die geeignete Ausrüstung verfügen, bevor eine zufriedenstellende Reise unternommen werden kann.

Meine spezielle Einrichtung zur Herbeiführung von Kristallvisionen kopiert entsprechende Anlagen, wie sie immer wieder im Laufe der Geschichte errichtet wurden. Schon seit Menschengedenken ist klar, daß die Kontrolle über diese Visionen von der Schaffung eines einzigartigen Umfelds abhängt, ein Umfeld, das von der Alltagswelt völlig abgesondert ist, damit das Drama des Unbewußten an die Oberfläche gebracht werden kann.

Diese Notwendigkeit einer besonderen Einrichtung brachte die Hüter des Psychomanteums in Ephyra dazu, einen Komplex unterirdischer Bauten zu errichten. In diesem Labyrinth von Höhlen und kaum erhellten Kammern konnte der Geist des Unbewußten zur Sichtbarkeit gelangen, wenn die Visionssuchenden schließlich in den Raum der Erscheinungen geführt wurden und in den polierten und mit Wasser gefüllten Kessel blicken durften.

Im Haus, in dem John Dee mit den Engeln kommunizierte, gab es einen besonders ausgestatteten Raum, den man am besten als eine Erscheinungskammer bezeichnet. Er bot ihm Bequemlichkeit, war nur schwach erleuchtet und enthielt eine Reihe von spiegelnden Gegenständen, angefangen bei seinem berühmten Obsidianspiegel bis hin zu ganz gewöhnlichen Spiegeln. Dees Kammer ähnelte den vielen anderen, die es in der Geschichte gegeben hat. In allen Kulturen, vom alten Griechenland bis hin zum Elisabethanischen England, unternahmen die Visionssuchenden ihre Beschwörungsversuche von Geistern in Räumen, die sorgsam durchdacht und ausgestattet waren.

Die Architekten und Betreiber all dieser Einrichtungen wußten etwas, das auch für mich offensichtlich wurde. Es war ihnen klar, daß derart stark spirituelle und emotional aufgeladene Begegnungen in einer Umgebung stattfinden mußten, die im Einklang mit bestimmten physischen, psychischen und ästhetischen Prinzipien gestaltet wurde. Dafür gibt es wenigstens zwei Gründe:

- Es ist nur angemessen und richtig, daß eine Person, die eine transformative, spirituelle Erfahrung durchmacht, dies an einem außerordentlich erfreulichen und erhebenden Schauplatz tut.
- Bestimmte spezifische Merkmale einer Umgebung können so genutzt und umgestaltet werden, daß sie dem veränderten Bewußtseinszustand der sich dort aufhaltenden Menschen förderlich sind.

Diese beide Faktoren werden durch die alten Griechen

illustriert, die ihre Orakelstätten an sehr eindrucksvollen Plätzen erbauten, Plätze, die auch als Berührungsorte zwischen dieser und der nächsten Welt betrachtet wurden. So glaubte man zum Beispiel, daß sich die Orakelstätte von Ephyra in der Nähe des Eingangs zur Unterwelt befand.

In Ephyra wurde der erforderliche interdimensionale Effekt dadurch erreicht, daß zahlreiche bekannte Methoden der Bewußtseinsveränderung mit einer in sich geschlossenen Räumlichkeit in Übereinstimmung gebracht wurden. Allein schon die Tatsache, daß sich die Anlage unter der Erde befand, reichte aus, um eine Atmosphäre zu schaffen, die sich auf die Psyche auswirkte. Aus dem gleichen Grund setzten die Nkomis den Entzug sinnlicher Reize und die gesellschaftliche Isolierung ein; der Bwiti-Kult nahm Schlafentzug und den Rausch zu Hilfe. Alle drei bedienten sich der Kristallomantie zum Sehen von Geistern.

Die richtige Stimmung schaffen

Ich beschloß, bei der Ausgestaltung meines modernen Psychomanteums eine Vielzahl von Elementen einzubeziehen und besonders der Verwandtschaft von Spiel und Paranormalem Rechnung zu tragen. Ich setzte das Lachen als integralen Bestandteil meines Programms ein. Die Teilnehmer sollen damit nicht zwanghaft in eine frivole oder alberne Stimmung versetzt werden, sondern auf gefahrlose und angenehme Weise einige ihrer Hemmungen aufgeben können. Dies vergrößert die Chancen, daß sie in einen veränderten Bewußtseinszustand gelangen. Wenn sie sich Komödien auf Videokassetten ansehen oder sogar Comics lesen, so bedeutet das nicht, daß sie die ihnen bevorstehende Erfahrung, die

Beschwörung des Geists eines verstorbenen Verwandten, nicht ernst nehmen. Das, was sie tun, macht es ihnen vielmehr leichter, das kommende Geschehen zu akzeptieren. So gesehen öffnet der Humor für manche Leute das Tor zum Paranormalen.

Abgesehen vom Faktor des Humors wollte ich in diesem Umfeld auch so viele Elemente wie möglich einführen, die bekanntermaßen den Übergang in einen veränderten Bewußtseinszustand erleichtern. Dazu gehören: Natur, Veränderung des Zeitgefühls, Kunst und intellektuelle Stimulierung – und natürlich reflektierende Flächen wie zum Beispiel Spiegel.

Ich habe schon an früherer Stelle ausgeführt, auf welche Weise ich diese Faktoren in meinem Theater des Geistes zur Geltung brachte. Aber für den Fall, daß Sie sich fragen sollten, auf welche Weise sie sich selbst in die richtige Stimmung zur Beschwörung von Geistern versetzen und es selbst mit der Kristallomantie versuchen können, will ich hier einige dieser Komponenten nochmals erwähnen und einige Vorschläge unterbreiten:

Natur: Da mein Theater des Geistes in einer ländlichen Gegend im tiefen Süden angesiedelt ist, können sich meine Testpersonen in der Natur entspannen. Wir sind von Wäldern und Feldern umgeben, wo sich herrliche Spaziergänge unternehmen lassen. Im Bach, der an meiner umgestalteten Mühle vorbeifließt, wimmelt es von Schildkröten und Schlangen, und der Klang des fließenden Wassers übt eine beruhigende Wirkung aus.

In städtischen Gegenden ist eine solche Idylle schwer zu finden. Sollte dies in Ihrem Fall ein Problem sein, dann können Sie den Versuch unternehmen, mit künstlichen Mitteln die Natur zu reproduzieren. Es gibt Kassetten mit Naturklängen, so etwa von Wellen, die an den Strand plätschern, oder vom Regen in einem tropischen Wald. Ich habe festgestellt, daß ich in einen Zustand tiefer Entspannung gelangen kann, wenn ich mir eine solche Kassette im Walkman anhöre, während ich durch einen Park spaziere oder sogar eine Straße mitten in der Stadt entlangschlendere.

Verändertes Zeitgefühl: Im Theater des Geistes werden die Testpersonen gebeten, keine Uhr zu tragen. Auch sind sie dort von antiken Möbeln umgeben, und es gibt keine Uhren. Dadurch sollen sie in eine frühere Zeit zurückversetzt werden, eine Zeit, in der sich die Menschen noch weniger auf die Technologie verließen. Eine solche Umgebung gibt uns ein Gefühl von Geschichte, läßt uns an die Generationen denken, die vor uns kamen und vergingen. Sie erinnert uns auch daran, daß die Menschen in einer Umgebung, in der alles sehr viel langsamer vonstatten ging, ganz gut zurechtkamen.

Wenn Sie keine antiken Möbelstücke haben oder nicht über ein Zimmer verfügen, das Ihre Antiquitätensammlung beherbergt, dann schlage ich vor, daß Sie sich, um sich in die entsprechende Stimmung zu versetzen, ein Buch mit alten Fotos oder Illustrationen vom Leben in einer früheren Zeit ansehen. Wenn Sie wirklich in eine frühere Zeit zurückversetzt werden wollen, dann suchen Sie in einem Antiquitätenladen nach einem Stereoskop und den dazugehörigen Karten. Diese vergessene Methode der Betrachtung von Fotografien läßt Sie gleichsam durch eine Öffnung in eine schon längst vergangene Zeit eintreten.

Wichtig ist auch, daß Sie alle Uhren verhüllen. Sie verstärken so die Illusion, daß Sie sich mit der Vergangenheit verbinden, und das Ausklinken aus unserem heutigen Zeitgefühl wird leichter. Sollte es notwendig sein, daß Sie eine bestimmte Zeit einhalten, dann schlage ich vor, bei Ihrer Sitzung ein Stundenglas zur Hilfe zu nehmen, eine archaische, aber effektive Methode.

Kunst: Kunst allein kann schon in vielen Menschen einen veränderten Bewußtseinzustand auslösen. Ich erwähnte an früherer Stelle das Stendhal-Syndrom, eine Art Nervenzusammenbruch, den viele erleiden, wenn sie sich großer Kunst gegenübergestellt sehen. Ich habe auch davon gesprochen, daß manche Musiker von paranormalen Erlebnissen berichteten – unter anderem auch außerkörperliche Erfahrungen –, die ihnen widerfuhren, während sie große musikalische Meisterwerke zur Aufführung brachten.

So habe ich mich der Musik und Kunst bedient, um die Menschen für einen veränderten Bewußtseinszustand zu öffnen. Überall im Gebäude finden sich Kunstwerke, und nicht nur »hübsche« Werke. Sie sollen überraschen, schockieren, belustigen, irritieren – sie sollen das Gehirn auf ungewohnte Weise stimulieren.

Es ist nicht schwierig, solche Effekte auch zu Hause zu erzielen. Sie können den Stil der Kunstwerke, die Sie jetzt bei sich an den Wänden hängen haben, verändern. Sollten Sie solche Kosten scheuen oder die Mühe nicht auf sich nehmen wollen, dann können Sie Kunstbücher durchblättern und den gleichen Effekt erzielen. Die Werke von Salvador Dali, Max Ernst und Pablo Picasso sind in Form von farbigen Bildbänden leicht erhältlich und stimulieren bei den meisten Menschen die tieferen Schichten der Psyche. Ich persönlich finde auch Comics sehr belebend, vor allem die Kunst von Carl Barks, dem Schöpfer von Donald Ducks Onkel Dagobert.

Beim Einsatz von Kunst geht es zum einen darum, daß

durch die Betrachtung von Schönheit ein Zustand der Beruhigung und Entspannung herbeigeführt und so die Vorbereitung auf eine Kristallomantie-Sitzung unterstützt wird. Ein anderer wichtiger Aspekt ist das Gefühl der Überraschung, des Schocks, ja sogar der Desorientierung. Dazu kommt, daß ästhetische Bewunderung für sich allein genommen schon einen veränderten Bewußtseinszustand darstellt. Was wir anstreben, das ist eine neue Art von Stimulierung, die in uns ein Gefühl des Staunens über die Welt der Wahrnehmung auslöst.

Intellektuelle Stimulierung: Das Streben nach Wissen war schon immer ein wichtiger Kanal, über den wir Menschen spirituelle Anleitung und Erhellung suchten. Wie ich schon an früherer Stelle erwähnte, findet sich in meinem Theater des Geistes eine ausgedehnte Bibliothek mit Büchern über veränderte Bewußtseinszustände, das Paranormale und Spiritualität. Eine solche Bibliothek können Sie sich auch leicht selbst aufbauen, da die meisten Bücher in großen Buchhandlungen erhältlich sind.

Ich meine nicht, daß der Intellekt nur durch Bücher angeregt wird. Da die Kristallomantie eine visuelle Angelegenheit ist, ziehen es manche Menschen vor, sich durch ein visuelles Medium stimulieren zu lassen, vor allem eines, das ihnen erlaubt, ihre Gedanken mal hier und mal da verweilen zu lassen.

Eine Möglichkeit bietet hier der Blick durch ein Mikroskop. Ich habe kürzlich bei mir ein leicht zu bedienendes Mikroskop installiert, so daß meine Testpersonen überraschende Exkursionen in die mikrokosmischen Welten unternehmen können.

Auch das makrokosmische Reich bietet Möglichkeiten.

Ein Astronom erzählte mir kürzlich von einem Bericht in einer Astronomiezeitschrift, demzufolge eine große Anzahl von Astronomen außerkörperliche Erfahrungen machen oder andere tiefe innere Abenteuer erleben, während sie durch ihre Teleskope in den riesigen interplanetaren und interstellaren Raum blicken.

Dies gibt mir nur einen Hinweis auf die bewußtseinserweiternde Natur des uns umgebenden Universums und die magische Weise, in der ein enger Kontakt mit ihm unsere Sinne beeinflussen kann.

Erinnerungsstücke: Schließlich ist es wichtig, daß Sie sich, wenn Sie den Versuch machen, eine geliebte verstorbene Person wiederzusehen, sich diese Person tief einprägen und vergegenwärtigen. Das sollte an sich nicht weiter schwierig sein. Ich habe festgestellt, daß Fotos hier am wirksamsten sind. Ein Familienalbum mit all seinen Erinnerungen rührt sowohl das Bewußtsein wie das Unbewußte auf. Auch Filme und Videos von der Familie erfüllen diesen Zweck.

Erinnerungsstücke helfen auch, sich eine Person gefühlsmäßig wieder zu vergegenwärtigen. Die Menschen, die zu mir kamen, brachten Kleidungsstücke mit oder auch Angelruten, Holzschnitzwerkzeuge, Schachspiele, Pfeifen, Brillen, alte Briefe und so weiter. Alles, was mit der verstorbenen Person in enger Beziehung steht, ist geeignet, Erinnerungen und Gefühle heraufzubeschwören.

Verbindung dieser Faktoren

Alle diese Faktoren sollen helfen, daß Sie Ihre Hemmungen in bezug auf die Kristallomantie abbauen und sich in eine Stimmung bringen, die es Ihnen erleichtert, in andere Dimensionen des Geistes einzutreten.

Ich würde Ihnen gerne Richtlinien anbieten, was die Zeit angeht, die Sie auf die oben erwähnten Beschäftigungen verwenden sollten, aber das kann ich nicht. Für die einen ist eine Stunde der Kommunikation mit der Natur schon zu lang, während ihnen eine halbe Stunde des Betrachtens von alten Fotos zu kurz ist. Wenn ich jemanden auf eine Sitzung vorbereite, kann ich im allgemeinen am Enthusiasmuspegel ablesen, wann es Zeit ist, zur nächsten Sache überzugehen.

Ich habe einen ganz einfachen Rat, wenn Sie selbst einen Versuch unternehmen wollen: Lassen Sie es nicht dazu kommen, daß Sie sich langweilen. Wenn Ihnen fünfzehn Minuten reichen, um sich Kunst anzusehen, dann ist das so. Wenn Sie eine Stunde lang in der Natur spazierengehen wollen, dann tun Sie es. Das gleiche gilt für die Erinnerungsstücke. Wenn Sie das Gefühl haben, nach einer halben Stunde der Betrachtung von Fotos genug zu haben, dann ist es wahrscheinlich genug. Solange Sie angeregt werden und sich nicht langweilen, ist alles gut.

Der Bewußtseinszustand, der sich mit dem Sehen von Kristallvisionen verbindet, ist sehr subtil. Ein Zustand äußerst gespannter Erwartung scheint eine solche Erfahrung definitiv zu blockieren. Wenn Sie andererseits still und zuversichtlich davon ausgehen, daß eine Erscheinung auftreten wird, so scheint dies die Wahrscheinlichkeit zu steigern, daß es auch dazu kommt. Der auslösende Faktor ist hier wohl der entspannte Zustand.

Wenn Sie alle Schritte vollzogen haben und sich nun vorbereitet fühlen, dann können Sie zur Kristallomantie-Sitzung selbst übergehen.

Der Spiegel

Bei der Kristallomantie wurden und werden eine Vielfalt von Gegenständen benutzt. Einige davon habe ich in diesem Buch erwähnt, darunter Kristallkugeln, Spiegel, polierte Metallgegenstände, mit Wasser, Tinte, Blut oder Wein gefüllte Kessel oder Becher, polierte Lampen, Seen und so weiter. Fast alles, das den Eindruck einer klaren Tiefe erweckt, kann hier verwendet werden.

In früheren Zeiten glaubten die Menschen, daß die Kristallvisionen durch dem spiegelnden Gegenstand innewohnende magische Kräfte hervorgerufen würden. Auch heute findet diese Vorstellung noch Anhänger. Ab und zu habe ich Verkäufer in Esoterikläden andeuten hören, daß echte Quarzkristallkugeln besser sind, weil sie magische Kräfte beherbergen.

Im allgemeinen ist es wohl so, daß die verschiedenen Substanzen des verwendeten Mediums unterschiedliche emotionale Assoziationen hervorrufen. So beschwört die Hydromantie, eine zu allen Zeiten weit verbreitete Form der Kristallomantie, die mit dem Wasser verbundene Mythologie herauf. Wasser ist das allgemein bekannteste Symbol für das Unbewußte. Der Kristall andererseits steht allgemein und unbewußt für das Selbst. Und Steine, die manchmal für diesen Zweck poliert und verwendet werden, beschwören unbewußt das Bild von Dauerhaftigkeit herauf. Sie sind auch mit der spirituellen und intellektuellen Suche der Menschheit verbunden. Christus hat, so sagt man, seine Kirche auf einen Fels gegründet, die Moslems suchen einen heiligen Stein in Mekka auf, der Stein von Rosetta war der Schlüssel, der den Zugang zu den Geheimnissen alter Sprachen erschloß, und John Dee nannte seinen Obsidianspiegel den heiligen Stein.

So betrachtet mag es durchaus von Bedeutung sein, welche Art von »Spiegel« wir wählen. Und oft wird dieser Gegenstand dann zum Symbol für das »Selbst«. Kenneth MacKenzie, der schottische Kristallomantiker aus dem fünfzehnten Jahrhundert, behauptete, daß sein Stein auf seine Brust herabfiel, während er schlief. John Dee sagte, daß ihm sein »Schau-Stein« während einer Vision von Engeln zukam. Und viele heutige Praktizierende der Kristallomantie warten mit ähnlichen Berichten über den Erhalt ihres »Spiegels« auf.

Es kann geschehen, daß Gegenstände, die das eigene innere Wesen widerspiegeln, tatsächlich als Teil des eigenen Wesens behandelt werden. Je tiefer die Suche nach dem eigenen Selbst, desto wahrscheinlicher ist dies der Fall. Sie werden dann zum Symbol der Suche nach Selbsterkenntnis. Einen weiteren Hinweis darauf, daß die Kristallkugel als Symbol für das Selbst begriffen wird, liefern uns Spaßvögel, die behaupten, die Kristallkugel sei »defekt«, wenn sie beim Wahrsager Bilder sehen, die ihnen nicht gefallen.

Letztlich bietet aber der Geist des Betrachters und nicht irgendeine dem Gegenstand inhärente okkulte Essenz die Basis der Kristallvisionen. Das Medium des Spiegels oder Kristalls ist dabei ein Spiegel der Seele. Dessen sind wir uns nicht völlig bewußt, was wiederum zur etwas unheimlichen Atmosphäre beiträgt, die eine solche Erfahrung umgibt. Wir hüllen diese Geistesprozesse in eine Aura des Geheimnisvollen ein, indem wir ihnen einen räumlichen Ort innerhalb des »Spiegels« zuweisen.

In Anbetracht all dieser Dinge halte ich es für wichtig, daß Sie sich eines spiegelnden Gegenstands bedienen, mit dem Sie sich wohl fühlen. Ich persönlich bevorzuge einen Spiegel. Ihnen ist möglicherweise eines der anderen von mir erwähnten Medien lieber. Es spielt keine Rolle, welches Sie benutzen. Wichtig ist nur, daß es funktioniert.

Die Sitzung

Sorgen Sie dafür, daß Sie während Ihrer Kristallomantie-Sitzung nicht gestört werden. Suchen Sie sich einen Ort, an dem Sie allein sind; hängen Sie das Telefon aus; hängen Sie notfalls ein Schild an die Tür: *Bitte nicht stören.* Es ist wichtig, daß Sie sich an diesem Ort wohl fühlen und ganz und gar entspannen können.

Auch die Körperhaltung ist wichtig. Setzen Sie sich in einen bequemen Stuhl oder Sessel, der Ihren Hinterkopf stützt, auch wenn Sie tief entspannt sind. Sitzen Sie so, daß Ihre Augen in einem bequemen Winkel in den spiegelnden Gegenstand blicken können.

Ein schwaches Licht, das hinter Ihnen installiert ist, funktioniert im allgemeinen am besten, wenngleich Sie wohl etwas experimentieren müssen, bis die Beleuchtung stimmt. Ich habe festgestellt, daß vor allem am Anfang Kerzenlicht oder auch eine elektrische Kerze hilfreich ist. Die beste Zeit für dieses Unternehmen ist meinem Gefühl nach die Dämmerung, eine Zeit, die bei vielen Menschen veränderte Bewußtseinszustände zu befördern scheint. Wenn Sie dann später mehr Erfahrung haben, werden Sie merken, daß Sie auch bei hellem Licht eine Kristallomantie-Sitzung abhalten können.

Die Technik selbst ist bemerkenswert einfach. Setzen Sie sich bequem hin, entspannen Sie sich und blicken Sie in die klare Tiefe der spiegelnden Fläche, ohne den Versuch zu machen, etwas zu sehen. Manche vergleichen es mit einem Blicken in die Ferne. Wenn Sie richtig entspannt sind, werden Ihre Arme schwer werden und Ihre Fingerspitzen kribbeln, so als seien sie leicht elektrisch aufgeladen. Dieses kribbelnde Gefühl signalisiert fast immer das Einsetzen eines hypnagogen Zustands.

Sehr wahrscheinlich wird sich die spiegelnde Fläche jetzt bewölken. Manche Leute berichteten von einem Bild wie vom Himmel an einem bewölkten Tag. Manche sagten, der Spiegel wird dunkler. Wie auch immer, diese Veränderung in der Klarheit der spiegelnden Fläche kündigt Visionen an.

Lassen Sie es fließen

Die Leute fragen oft, ob es, wenn die Visionen auftauchen, besser sei, eine bestimmte Frage zu stellen, oder ob sie einfach passiv beobachten sollen, wie sie sich entfalten. Meinem Gefühl nach sollten Sie im allgemeinen die Erfahrung zunächst nicht dirigieren, sondern die Bilder einfach fließen lassen.

Wenn Sie den Versuch unternehmen, diese Bilder einer Führung zu unterwerfen, macht das die Sache komplizierter und vermindert die Wahrscheinlichkeit, daß Sie Visionen haben. Sind Sie mit den Vorgängen etwas vertrauter geworden, dann empfiehlt es sich, sich im Geist bestimmte Fragen zu stellen, *bevor* Sie sich im Trancezustand befinden, vor allem dann, wenn die Selbsterkundung oder ein besseres Selbstverständnis Ihr Ziel ist. Wenn Sie den Versuch machen, den Bilderfluß zu dirigieren, *nachdem* er eingesetzt hat, dann verschwindet er für gewöhnlich. Ich weiß nicht genau, warum das so ist, vermute aber, daß das bewußte Denken Sie aus dem hypnagogen Zustand, in dem diese Bilder auftreten, herausbringt.

Wie lange hält dieser Bilderfluß an? Gewöhnlich nicht einmal eine Minute, vor allem bei jenen, die nicht entspannt bleiben können. Manche meiner Testpersonen konnten ihn schon bei ihrem ersten Versuch zehn Minuten lang aufrechterhalten. Je erfahrener Sie mit der Zeit werden, desto länger werden Sie Bilder sehen.

Manchmal werden Sie nichts sehen, aber die verstorbene Person sprechen hören oder ihre Berührung fühlen. Manche von Ihnen werden die Präsenz einer bestimmten Person oder eine bestimmte Örtlichkeit umfassend wahrnehmen, ohne aber irgend etwas zu sehen. Und wie Sie aus der Lektüre dieses Buches bereits wissen, können Sie auch das Gefühl haben, in den Spiegel einzutreten, oder aber die Gestalten treten aus ihm heraus. Was auch immer bei Ihnen der Fall sein sollte, Sie werden ganz klar merken, wann die visionäre Erfahrung einsetzt und wann sie beendet ist.

Führen Sie über Ihre Erfahrungen Protokoll

Ich empfehle Ihnen, sich gleich nach der Sitzung Notizen über Ihre Erfahrungen zu machen. Schreiben Sie alles so detailliert wie möglich auf: die Empfindungen, die schließlich zur visionären Erfahrung führten, das, was Sie während der Erfahrung sahen oder spürten, und das Geschehen, das Sie aus dieser Erfahrung wieder herausführte.

Wenn Sie sorgfältig Protokoll führen, werden Sie beim

nächsten Mal wissen, was Sie zu erwarten haben. Auch wird Ihnen dies die Unterschiede bei den einzelnen Sitzungen aufzeigen, und Sie werden herausfinden, wie Sie das Beste aus Ihren diesbezüglichen Erfahrungen machen können.

Mit Hilfe dieser Protokolle werden Sie sich auch daran erinnern können, was sich bei den jeweiligen Sitzungen wirklich abgespielt hat. Beschreiben Sie die Natur Ihrer Visionen, was und wen Sie sahen und hörten und auch Ihre Gefühle im Verlauf der Ereignisse. Damit werden Sie sich später Ihre Erfahrungen wieder ganz genau ins Gedächtnis rufen können.

Strengen Sie sich nicht zu sehr an

Wenn Sie bei der Sitzung keine Visionen haben, müssen Sie einige der Faktoren, die bei diesem Prozeß eine Rolle spielen, überprüfen.

Der häufigste Grund dafür, daß jemand nichts sieht, ist der, daß sich die betreffende Person zu sehr bemüht. Manche Testpersonen haben mir berichtet, daß die Visionen wundersamerweise einsetzten, nachdem sie schon aufgegeben hatten oder zumindest mit dem Gedanken spielten, es zu tun.

Ich habe einmal einen Workshop mit acht Personen abgehalten, die zufällig alle wegen ihrer Alkoholsucht in Behandlung waren. Nur zwei von ihnen hatten während der Kristallomantie-Sitzung Visionen. Als mögliche Begründung dafür gaben sie an, daß Alkoholiker zwanghaft bemüht sind, die Dinge unter Kontrolle zu halten. Sie können sich daher nicht entspannen und ihren Geist nicht einfach wandern lassen. Ich schlug vor, daß sie beim nächsten Mal einfach »aufgeben« und dann noch ein Weilchen länger sitzen bleiben sollten, da der Gedanke des Aussteigens vielleicht zur Entspannung führte.

In gewisser Hinsicht steht der für die visionäre Erfahrung erforderliche Bewußtseinszustand im Gegensatz zu dem Zustand, in dem wir uns befinden, wenn wir ganz bewußt etwas zu tun versuchen. Doch gleichzeitig unterstützt die Haltung zuversichtlicher Erwartung das Erscheinen von Bildern. Der hier wirksam werdende Faktor scheint der Zustand mentaler Entspannung zu sein.

Ablenkungen sind ein weiterer häufiger Grund für das Ausbleiben von Visionen. Die Ursache dafür können zum Beispiel Lärm von draußen oder physisches Unbehagen sein. Vielleicht ist es im Zimmer zu heiß oder zu kalt, oder es ist einfach zu laut. Auch das Essen kann eine Rolle spielen. Manche Menschen können nach einer schweren Mahlzeit keine visionären Erfahrungen machen. Eine leichte Mahlzeit ist jedoch empfehlenswert, da sie den Blutzucker ansteigen läßt und damit verhindert wird, daß Sie durch ein Hungergefühl abgelenkt werden. Und nur wenige können eine erfolgreiche Kristallomantie-Sitzung abhalten, nachdem sie Koffein zu sich genommen haben, da dieses Anregungsmittel die meisten Menschen nervös macht. Man hat auch eine Verbindung zwischen einer an Kalzium reichen Nahrungsmittelaufnahme und dem regen Erscheinen von Bildern hergestellt. Andererseits haben Menschen, die sehr viel Kalzium zu sich nehmen, nicht so leicht visionäre Erfahrungen. Die Botschaft lautet: am Vortag mehr Obst und Gemüse und weniger Milchprodukte essen.

Ich möchte auch betonen, daß Körperbewegung eine wichtige Komponente bei der Entspannung ist. Die meisten Menschen sind sehr viel entspannter, wenn sie sich vorher auch nur leicht körperlich betätigt haben, und ein niedrigerer

Blutdruck und langsamerer Herzschlag beweisen dies. Wenn Sie Schwierigkeiten haben, sich während der Kristallomantie-Sitzung zu entspannen und Ihren Geist einfach wandern zu lassen, dann kann das an mangelnder Körperbewegung liegen. Ich habe festgestellt, daß Körperübungen eines der besten Mittel sind, um eine tiefe Muskelentspannung zu bewirken, die ihrerseits den Eintritt in den visionären Zustand befördert. Natürlich sollten Sie sich erst mit Ihrem Arzt absprechen, bevor Sie mit einem Übungsprogramm anfangen.

Physischer Schmerz ist ein weiterer Grund, warum manche Menschen keine visionären Erfahrungen machen. Vor allem Rückenschmerzen machen es manchen Personen schwer, sich gerade hinzusetzen, geschweige denn, sich zu entspannen und in einen Spiegel zu blicken. Sollte dies bei Ihnen der Fall sein, dann können Sie sich auch durchaus hinlegen und Ihre Sitzung in der Rückenlage abhalten.

Manchmal braucht man einfach lange Zeit oder viele Versuche, bis man zu einer erfolgreichen visionären Erfahrung kommt. Es kann sein, daß Sie sich bei dem ganzen Prozeß sehr wohl fühlen und dennoch nichts sehen. Ich möchte Sie dazu ermuntern, beharrlich zu sein und es öfters zu versuchen.

Nach meinen Erfahrungen hat mehr als die Hälfte der Personen, die es probieren, beim ersten Mal Erfolg. Ein großer Teil des Rests hat beim zweiten, dritten oder auch vierten Versuch eine visionäre Erfahrung.

Warum probieren es viele noch einmal, wenn der erste Versuch fehlschlug? Die Antwort ist wahrscheinlich, daß es bei der Kristallomantie viele andere Aspekte gibt, die Freude machen. Die meisten Menschen sagen, sie hätten sich in ihrem ganzen Leben noch nie so entspannt gefühlt. Einige unternehmen diese Sitzungen sogar vor allem der Entspannung wegen und betrachten die Visionen als interessantes Nebenprodukt.

Behalten Sie das Spielerische bei

Wenn Ihnen dies alles mehr wie ein Spiel denn wie eine Wissenschaft vorkommt, dann habe ich mein Ziel erreicht.

Irgendwo auf ihrem Weg ist die Parapsychologie zu etwas Abstraktem geworden, wurde intellektualisiert und scheint ihre Verbindung zur Seele fast aufgegeben zu haben. In ihrem Bemühen um Anerkennung als ernsthafte Wissenschaft versagt sie oft jenen den Trost, die sich in Zeiten des persönlichen Verlusts und Leids an sie wenden.

Einerseits ähnelt die Parapsychologie in der von ihr verfolgten Richtung der Wissenschaft. Und ich räume ein, daß sie andererseits Ähnlichkeit mit Unterhaltung, Spaß und Spiel hat.

Wenngleich einige sauertöpfische Typen die Wichtigkeit von Spiel und Humor herunterspielen, so gehören diese beiden Elemente doch zu den bedeutsamsten menschlichen Errungenschaften. Der Trost, den sie bieten, kann für die Konfrontation mit dem Leben unentbehrlich sein, ganz zu schweigen von der Tatsache, daß das kreative Spiel eine wichtige Quelle für Entdeckungen darstellt.

Die Parapsychologie im besten Sinne kann uns aufmerksam machen auf die ungeheure Natur des Universums, in der wir leben, und auf das stetige Wunder des Bewußtseins, durch das wir das Universum erleben.

Tatsächlich instrumentiert die Parapsychologie gewisse Methoden oder Techniken systematischer Erforschung im

Dienst eines spirituellen Ziels. Sie kann tiefe Emotionen der Ehrfurcht und des Staunens aufrühren. Und sie kann uns zwar keinen Beweis für ein Leben nach dem Tod liefern, aber sie kann uns hoffen lassen.

Ich möchte hier in keiner Weise andeuten, daß sich Parapsychologen (zu denen auch Sie gehören, wenn Sie die Kristallomantie praktizieren) mit weniger als einem tiefen Respekt vor der Wahrheit zufriedengeben. Sie müssen die Wahrheit ebensosehr lieben wie die Wissenschaftler, wenn Sie auch nicht auf dieselbe Weise deren systematische Forschungsmethoden anwenden können.

Die Grenzen finden

Das Zusammenspiel all dieser Elemente der Kristallomantie soll eine Tür zu anderen Dimensionen des Geistes öffnen. Und ich nehme es als erfreuliche Bestätigung, wenn meine Besucher davon sprechen, daß »sie in eine andere Welt eintreten«.

Menschen, die die von mir entwickelten Techniken anwandten, haben regelmäßig vom Auftreten erstaunlicher Phänomene berichtet, die traditionellerweise als paranormal bezeichnet werden. Doch all das wurde durch einen Ansatz erreicht, der sich keinerlei Aussagen über den metaphysischen Status dieser Erfahrungen anmaßt.

Alle Menschen, die Kristallomantie betreiben, sollen selbst entscheiden, welches Maß an Realität und welche Bedeutung sie ihren Erfahrungen zumessen wollen. Innerhalb des geschilderten Umfelds – eines, das Sie sich leicht selbst zu Hause schaffen können – können Sie Reisen in die fernsten Bereiche des menschlichen Bewußtseins unternehmen.

7. *Künftige Anwendungsmöglichkeiten der Kristallomantie*

Das unterbewußte Leben verfügt über Fenster des Ausblicks und Türen des Zutritts, die die Region der Welt der Wahrheit ins Unendliche ausdehnen.

William James

Mir kommen sofort eine ganze Reihe potentiell nützlicher Anwendungsmöglichkeiten der Kristallomantie in den Sinn. Sie könnten zu einem umfassenderen Verständnis der Fähigkeiten und Grenzen des menschlichen Geistes führen. Aber abgesehen von den psychischen Implikationen ließen sie uns vielleicht auch die Geschichte und Literatur auf tiefere Weise verstehen. Lassen Sie uns zunächst einmal die Rolle der Kristallomantie im Bereich der menschlichen Psychologie untersuchen.

Am wichtigsten für jene, die sich dem Studium des Geistes widmen, ist die Möglichkeit, daß die Kristallomantie vielleicht den Zutritt in einen veränderten Bewußtseinszustand ermöglicht. Wenn sich bewußt herbeigeführte Geistererscheinungen von Verstorbenen nachweislich nicht von spontan auftretenden Erscheinungen unterscheiden, dann heißt dies, daß ein allgemein verbreitetes, von vielen für paranormal gehaltenes Phänomen nun der Erforschung unter kontrollierten Bedingungen zugänglich ist.

Mit »Erforschung« meine ich hier nicht ein bloßes Zusammentragen der Geschichten von Personen, die eine solche Erfahrung gemacht haben. Ich meine, daß die Kristallomantie es uns endlich ermöglichen könnte, diese veränderten Bewußtseinszustände unter Laborbedingungen zu studieren. Und dies würde auf dem Gebiet der Psychologie einen gewaltigen Schritt nach vorn bedeuten. Ich meine, die Testpersonen könnten sofort im Anschluß – oder sogar während sie sich in einem veränderten Bewußtseinszustand befinden – interviewt werden.

Es könnten während solcher Erfahrungen EEGs und Kernspintomographien erstellt werden, damit die Wissenschaft die metabolische Gehirnaktivität zum Zeitpunkt dieser Begegnungen kartographieren kann.

Da es bisher unmöglich war, diese veränderten Bewußtseinszustände unter Laborbedingungen zu untersuchen, meinten viele Skeptiker, daß sowohl die Personen, die solche paranormalen Erfahrungen machen, wie auch jene, die sie erforschen, dazu neigen, das Geschehen zu »übertreiben«, oder daß die betreffenden Personen ihre Erlebnisse erfinden. Dies ist eine auf Ignoranz basierende Meinung, die die unglaublich vielen Menschen, die Geister sehen oder Nahtoderfahrungen oder außerkörperliche Erfahrungen machen, selten in Betracht zieht. Und obwohl wir, was allein diese drei genannten Kategorien angeht, von buchstäblich Millionen von Menschen sprechen, werden sie von Zynikern als Lügner oder Irre bezeichnet, und es wird ihnen eine Erfahrung abgesprochen, die von ihnen selbst als real erlebt wurde.

Erklärungen für ortsgebundene Phänomene

Durch die Heraufbeschwörung von Geisterscheinungen in einem Psychomanteum könnten wir uns möglicherweise auch ortsgebundene Erscheinungen erklären. Das sind Geisterscheinungen, die an einem ganz bestimmten Ort auftreten, und das manchmal über Jahrhunderte hinweg, vor allem dann, wenn der Ort unangetastet blieb. Die berühmtesten Fälle ereignen sich in europäischen Schlössern, alten Kathedralen und Kirchen und in der Wildnis. Ortsgebundene Geisterscheinungen treten oft in der Folge eines plötzlichen Todes, eines Mordfalls oder anderweitig gewaltsamen Todes auf.

Der folgende Bericht ist typisch für eine ortsgebundene Geisterscheinung. Er entstammt den Unterlagen von Gardner Murphy und Herbert Klemme:

Am 3. Oktober 1963 wurde Mrs. Coleen Buterbaugh, Sekretärin des Dekans Sam Dahl an der Nebraska Wesleyan University in Lincoln, Nebraska, vom Dekan gebeten, sich in das Büro seines Kollegen Professor Martin (Pseudonym) im nahe gelegenen C. C. White Building zu begeben und ihm eine Nachricht zu überbringen. Etwa um 8 Uhr 50 morgens betrat Mrs. Buterbaugh das Gebäude und durchquerte rasch dessen riesige Eingangshalle, wobei sie die Musikstudenten in ihren Räumen üben hörte und ihr vor allem Marimbaklänge auffielen. Als sie das Eingangszimmer zu Professor Martins Büroräumen betrat, blieb sie nach etwa vier Schritten abrupt stehen, weil ihr ein sehr starker Geruch – ein modriger, unangenehmer Geruch – entgegenschlug. Sie hob den Blick und sah die Gestalt einer sehr großen schwarzhaarigen Frau in Hemdbluse und knöchellangem Rock, die mit der rechten Hand zu den oberen rechten Fächern eines alten Notenschranks hinauflangte. Wir setzen nun den Bericht mit Mrs. Buterbaughs eigenen Worten fort:

»Als ich das Zimmer betrat, war zunächst alles ganz normal. Als ich etwa vier Schritte getan hatte, schlug mir dieser starke Geruch entgegen. Wenn ich von starkem Geruch spreche, dann meine ich die Art von Geruch, die einen abrupt stehenbleiben läßt und zum Würgen bringt. Ich hatte zu Boden geblickt, wie man es eben oft beim Gehen tut, aber sobald mich dieser Geruch innehalten ließ, spürte ich auch, daß noch jemand im Zimmer war. Dann wurde mir bewußt, daß draußen im Flur keine Geräusche zu hören waren. Alles war totenstill. Dann hob ich den Blick, und etwas lenkte meine Aufmerksamkeit zum Notenschrank, der im nächsten Zimmer längs an der Wand stand. Ich sah dorthin, und da war sie. Sie stand mit dem Rücken zu mir und langte mit der rechten Hand zu einem der Fächer hinauf, und sie stand vollkommen still. Sie war sich meiner Gegenwart nicht bewußt. Während der ganzen Zeit, als ich sie beobachtete, bewegte sie sich nicht. Sie war nicht durchscheinend, und doch wußte ich, daß sie nicht real war. Und während ich sie beobachtete, entschwand sie einfach – nicht eine Körperpartie nach der anderen, sondern ihr ganzer Körper auf einmal.

Bis zum Zeitpunkt ihres Verschwindens war ich mir nicht bewußt, daß noch jemand in den Räumen war, aber als sie verschwand, hatte ich das Gefühl, daß ich noch immer nicht allein war. Zu meiner Linken stand ein Schreibtisch, und ich hatte das Gefühl, daß dort ein Mann saß. Ich wandte mich um und sah niemanden, spürte aber dennoch seine Anwesenheit. Ich habe keine Ahnung, wann mich dieses Gefühl seiner Präsenz verließ, denn als ich aus dem Fenster hinter dem Schreibtisch schaute, bekam ich Angst und verließ das Zimmer. Ich weiß nicht, ob ich ging oder rannte. Als ich aus dem Fenster schaute, war da draußen nämlich nichts, was modern gewesen wäre. Die Straße, die nicht mal einen halben Block vom Gebäude entfernt ist, war nicht da, und auch nicht das neue Willard House. Da wurde mir klar, daß diese Leute nicht in meiner Zeit lebten, sondern daß ich in ihre Zeit geraten war.«

Was hat es mit diesen ortsgebundenen Geisterscheinungen auf sich? Warum wird derselbe Geist von so vielen verschiedenen Menschen gesehen, selbst von Menschen, die nichts über die Geschichte des Ortes, noch über die Tatsache, daß es dort »spukt«, wissen?

Bewußt herbeigeführte Geisterscheinungen könnten vielleicht Antworten auf diese Fragen liefern, die die Forscher bislang nicht zu finden vermochten.

Kollektiv wahrgenommene Erscheinungen

Eine Erweiterung der gegenwärtig angewandten Methode sollte es auch ermöglichen, daß mehrere Testpersonen zugleich eine Erscheinung sehen, das heißt, alle versuchen, dieselbe verstorbene Person heraufzubeschwören. Fälle von spontan auftretenden kollektiven Visionen von Verstorbenen sind dokumentiert worden, und die Berichte der alten Griechen lassen darauf schließen, daß kollektive Visionen in den Totenorakeln auftraten. Ich bin zuversichtlich, daß diese Forschungsrichtung einmal Früchte tragen wird.

Doch diesen Ansatz werde ich anderen Forschern überlassen, da mir eine Interaktion zwischen nur zwei Personen mehr liegt. Ich hoffe, daß Kollegen, die geübter in bezug auf Gruppensitzungen sind, dieses Projekt in Angriff nehmen. Ein Erfolg bei diesem Unternehmen könnte uns sehr wohl Aufschlüsse über die Dynamik kollektiver visionärer Phänomene geben.

Trauertherapie

Die Erforschung von bewußt herbeigeführten Geistererscheinungen könnte uns auch zu Einsichten in die psychologischen Mechanismen bei Trauerfällen verhelfen. Es ist wohl bekannt, daß tief trauernde Menschen sich oft intensiv mit Bildern der Verstorbenen beschäftigen. Sie tragen ein Foto mit sich herum, das sie immer wieder betrachten. Wenn wir uns die Geistererscheinungen von Verstorbenen als einen Aspekt unserer geistigen Fähigkeiten vorstellen, dann kann uns diese Arbeit zu einem besseren Verständnis vom Trauerprozeß verhelfen – und so vielleicht auch den Schmerz der Trauer lindern.

Bei Menschen, die die Erfahrung einer spontan auftretenden Geistererscheinung einer geliebten verstorbenen Person machen, mindert sich oft die Trauer oder löst sich sogar ganz auf. Eine Tatsache, die mit den Berichten der Testpersonen in meinem Psychomanteum übereinstimmt. Viele von ihnen haben dieses Ereignis als für ihre Beziehung mit den von ihnen geliebten und verlorenen Menschen heilsam empfunden.

Psychologie der Geschichte

Ich für meinen Teil habe vor, meine Forschungsarbeit in drei Richtungen weiterzuentwickeln. Gegenwärtig suche ich nach weiterem historischen Material, das uns bei der Erforschung der klassischen Totenorakel dienlich sein kann. Ich werde diese Stätten aufsuchen und hoffe, so deren Umgebung und die von den Griechen angewandten Methoden zur Beschwörung der Totengeister besser verstehen zu können.

Zum Beispiel nehmen die meisten Menschen, die zum erstenmal etwas von Schamanismus hören, an, daß die Schamanen entweder Scharlatane, Geisteskranke oder Menschen waren, die über eine außerordentliche Fähigkeit verfügten, welche den meisten von uns abgeht. Wir haben bereits gehört, daß Schamanen behaupten, mit Hilfe eines magischen Spiegels Reisen in die Geisterwelt unternehmen zu können, wo sie die Geister der Toten sehen. Und wie Sie aus der Lektüre dieses Buches wissen, ist die innere Welt dieser alten Stammesschamanen uns allen zugänglich.

Die alten Riten werden für uns verständlicher, wenn wir mit der Praxis der Kristallomantie vertraut sind. Dieses Wissen wirft ein neues Licht auf das Leben vieler historischer Gestalten. Und so können wir auch einige der zentralen Institutionen des alten Griechenlands besser begreifen.

Ebenso können wir besser verstehen, auf welche Weise visionäre Zustände die Kreativität befördern. Es ist nun klar, daß sich Thomas Edison des hypnagogen Zustands bediente, um sein Unbewußtes zu erkunden; so erfand er vieles, das unserer modernen Welt eine ganz neue Richtung gab. Das gleiche gilt für andere große Wissenschaftler, Erfinder und Denker. Daß sich diese Wunder des Unbewußten bei den großen Männern der Geschichte ereigneten, liefert einen Hinweis darauf, daß sie auch in anderen Fällen stattfanden und sich sehr wahrscheinlich wieder ereignen werden.

Die traurige Geschichte der Xhosas

Die Geschichte zeigt uns, daß diese Phänomene auch zu abschreckenden Ereignissen führen können, nämlich dann, wenn sie unerwartet in einer Kultur ausbrechen, die verständnismäßig nicht darauf vorbereitet ist. Sie finden es vielleicht unbegreiflich, daß manche Menschen von den Kristallvisionen so besessen sein können, daß sie allmählich ihr ganzes Leben beherrschen. Aber solche Dinge sind im Laufe der Geschichte passiert, wobei der jüngste Fall der des kollektiven Selbstmords der Xhosas in Südafrika war.

Die vielen sehr gut dokumentierten Berichte von dieser Tragödie, die sich im neunzehnten Jahrhundert abspielte, beschreiben das spontane Auftreten eines Totenorakels in einer primitiven Kultur. Die Folge war, daß das Volk von den Kristallvisionen geradezu besessen war, was wiederum zu unrealistischen Erwartungen und Eskapismus in höchstem Maße führte.

Die Xhosas waren ein demoralisiertes Volk. Seit 1778 hatten sie gegen die europäischen Kolonialisten Krieg geführt und sich in der ersten Hälfte des neunzehnten Jahrhunderts ein halbes Dutzend Schlachten mit den Briten geliefert. Ihre primitiven Waffen konnten gegen die Überlegenheit der Europäer nichts ausrichten. Ihre demütigendste Niederlage erlitten sie schließlich im Krieg von 1850, der drei Jahre dauerte und sechzehntausend Xhosas das Leben kostete.

Die Briten ließen es mit ihrem Sieg nicht genug sein. Einer der Gouverneure der Kolonie zwang einige der Xhosa-Häuptlinge, als Zeichen der Niederlage seine Stiefel zu küssen.

Den Xhosas blieb nur noch ein Bereich, in dem sie ihren Stolz wahren konnten, und das war ihr Vieh. Sie waren ausgezeichnete Hirten, die ihre Tiere respektierten und schätzten. Manchmal verehrten sie sie sogar im Rahmen besonderer Zeremonien. Den einzelnen Tieren wurden Namen gegeben, und sie waren auch ein beliebter Gegenstand der Xhosa-Dichtung und Lieder. Die Männer des Stammes identifizierten sich mit ihren Lieblingstieren genausosehr, wie sich die amerikanischen Männer mit ihren Autos identifizieren. Der Lebensunterhalt des Volkes hing von seinen Viehherden ab. Ohne sie war der Stamm zum Untergang verurteilt.

An einem Herbstabend im Jahr 1856 kam ein junges Mädchen namens Nongquase atemlos ins Lager gerannt und berichtete, daß es zehn schwarze Fremde in einem nahe beim Fluß gelegenen Teich gesehen hätte. Da ihr Onkel der bedeutendste Schamane und Prophet des Stammes war, wurde ihrer Vision besondere Bedeutung zugemessen.

Kurz danach begab sich ihr Onkel selbst zum Fluß und sah die Männer beim Teich. Überrascht erkannte er in der Gruppe seinen eigenen verstorbenen Bruder wieder. Ein Sprecher erklärte ihm, daß sie Boten aus dem Jenseits seien und ihm einige Dinge zu sagen hätten. Dann verschwanden sie.

In den nächsten Wochen wurde Nongquase wiederholte Male zum Teich geschickt, wo sie sich, bis zur Hüfte im Wasser stehend, mit diesen Wesen unterhielt. Die Kunde von diesem Wunder verbreitete sich rasch, und bald geleiteten die junge Prophetin und ihr Onkel die Häuptlinge des Xhosa-Stammes durch diese Erfahrungen. Einige hatten ihre eigenen Visionen.

Schließlich kam Keli, der große König der Xhosa, selbst zum Teich, um sich ein Bild von den Geschehnissen zu machen. Auch er hatte bald eine machtvolle Vision von seinem verstorbenen Sohn. Es war, als sei der Junge ins Leben zurückgekehrt, sagte er später.

König Keli war von dieser Erfahrung zutiefst berührt. Er wurde ein Befürworter der Prophezeiungen aus dem Teich und unterstützte sie sogar auch dann, als sie Anweisung gaben, das Vieh zu töten, damit die Vorfahren von den Toten auferstehen konnten. Nicht jedermann gab seine Zustimmung zu diesen Prophezeiungen, vor allem jene nicht, die ferner ab im Xhosaland lebten und sich herabgesetzt fühlten, weil die Vorfahren für ihre Erscheinung eine Stätte gewählt hatten, die so weit von ihren eigenen Dörfern entfernt war. Sie ließen wissen, daß sie ihre verstorbenen Verwandten an ihrem eigenen Ort zu sehen wünschten.

Und genau das geschah neun Monate später. Die elfjährige Tochter eines Schamanen in einem kleinen Ort hatte an einem nahe gelegenen Teich des Dorfes Begegnungen mit ihren Wesenheiten. Sie behauptete, mit dem Geist eines verstorbenen Xhosa zu kommunizieren, der von seinen Leuten sehr geliebt worden war. Sie hörte ihn sprechen. Er sagte, die Geister würden ins Leben zurückkehren, wenn das Vieh getötet würde.

Und in dieser Atmosphäre begann das große Abschlachten des Viehs. Bald war die Landschaft mit den Kadavern toter Tiere übersät. Die britischen Kolonialbeamten versuchten diesem Wahnsinn Einhalt zu gebieten, indem sie die Visionäre in Haft nahmen, aber es war schon zu spät. Die darauf folgende Hungerkatastrophe dezimierte das Volk der Xhosas, und es tauchten entgegen den Versprechungen keine verstorbenen Seelen auf.

Die britischen Behörden waren nicht imstande, die psychologischen Mechanismen des Phänomens zu begreifen, das das Abschlachten der Tiere ausgelöst hatte. Wir aber wissen, daß die Verbindung von einem niedrigen Selbstwertgefühl mit dem Heraufbeschwören von Visionen den Untergang für dieses alte Volk bedeutete.

Das Schicksal der Xhosas sollte uns jedoch davor warnen, das Praktizieren der Kristallomantie zu einem Kultgeschehen ausarten zu lassen. Eine sorgfältige Analyse versetzt uns in die Lage, die visionären Erfahrungen richtig einzuordnen und als etwas zu betrachten, das den Menschen zwar helfen kann, aber nicht zum einzigen Grund ihres Daseins werden darf.

Veränderte Bewußtseinszustände und die Geschichte

Es ist klar ersichtlich, daß veränderte Bewußtseinszustände das Interesse an der Geschichte wecken, zu einem neuen historischen Verständnis inspirieren, oder sogar, wie in Arnold Toynbees Fall, jemanden dazu bringen können, eine Abhandlung zu schreiben.

Toynbee widmet in Band zehn seines Monumentalwerkes *A Study of History* der Tatsache ein Kapitel, daß bestimmte Historiker von bestimmten Ereignissen zu ihren besten Werken inspiriert wurden. Das Geschichtsinteresse wurde bei den meisten der von ihm erwähnten Personen durch die großen Kriege geweckt. Doch er und Edward Gibbon, der Verfasser von *Der Untergang des römischen Weltreiches,* gehören zu den rühmlichen Ausnahmen, die durch visionäre Erfahrungen inspiriert wurden. Gibbon hatte einen mystischen Moment, als er in Rom auf den Stufen des Jupiter-Tempels saß und den barfüßigen Mönchen zuhörte, die ihre Litaneien sangen. Plötzlich verwandelte sich vor seinem Auge die moderne Stadt in die Ruinen der alten Stadt und wieder zurück. Die Vision von diesem physischen Verfall brachte ihn dazu, den Untergang des womöglich größten Imperiums der Geschichte nachzuverfolgen. Gibbons Erlebnis zusammenfassend, beschreibt Toynbee sehr schön das Wesen solcher Erfahrungen:

»Dieses visionäre Erlebnis war die einzige blitzartige Inspiration, die Gibbon je zuteil wurde. Ohne sie hätte sich dieses wunderbare Genie vielleicht nie entfaltet, hätte dieser berühmte Name nie Eingang in die Annalen der Geistesgeschichte der Menschheit gefunden. Zeitlich gesehen dauerte jenes mediale Ereignis mit seinen gewaltigen Konsequenzen im Kontext der etwa sechsunddreißig Jahre intellektuellen Erwachsenenlebens dieses großen Historikers vielleicht nicht länger als den Bruchteil einer Sekunde; doch seine achtsame Muse sah und ergriff unweigerlich die flüchtige Gelegenheit, Zugang zu einem Geist zu gewinnen, der mit einem angeborenen, im kongenialen Klima des westlichen Denkens des achtzehnten Jahrhunderts noch zusätzlich gehärteten Panzer des Skeptizismus umgeben, für ihre göttlichen Eingebungen normalerweise undurchlässig war.«

Toynbee schreibt dann über seine eigene visionäre Erfahrung, die sich ereignete, als er nach einem Tag erschöpfender Wanderungen in den Dämmerstunden am Hang eines Hügels saß und auf Sparta blickte. Über die Stadt auf dem Hügel, die da vor ihm lag, nachsinnend, fragte er sich, ob es wohl schon vor ihr dort eine Stadt gegeben hatte. Biblische Passagen kamen ihm in den Sinn wie: »Eine auf einen Hügel gebaute Stadt kann nicht verborgen werden« und »Ich will meinen Blick auf die Hügel richten, von wo meine Hilfe kommt.«

Plötzlich, so schreibt Toynbee, wobei er von sich in der

dritten Person spricht, »schauten den Beobachter von der Spitze der das andere Ufer des Eurotas überragenden Felswand, ihm direkt gegenübergelegen, die sich durchaus nicht deckenden Stätten des Ersten und des Zweiten Sparta an, ein Monument, das ihm die Lage des vorhellenistischen Gegenstücks zu jener fränkischen und ottomanischen Zitadelle signalisierte, über deren Festungsmauern er blickte.«

Wie es schien, hatte Toynbee einen Blick in die Vergangenheit geworfen, ja sogar einen kleinen Ausflug in sie unternommen. Er hielt diese Vision in Ehren. Ja, er behauptete sogar, daß er unter Umständen sein monumentales Werk *Gang der Weltgeschichte* ohne diese Erfahrung gar nicht geschrieben hätte. Wiederum von sich selbst in der dritten Person sprechend, schreibt er, Tonybee hätte seine Geschichtsbände womöglich nicht verfaßt, »hätte sich nicht, in einer für den Betrachter sehr persönlichen Erfahrung, am 23. Mai 1912 auf dem Gipfel des Mistra diese synoptische Ansicht vor seinen Augen physisch entfaltet.«

Es ist durchaus denkbar, daß sich mit Hilfe von Kristallvisionen die Art und Weise, in der Historiker Geschichte studieren und schreiben, erhellen ließe. Viele Autoren, die sich in die Details von historischen Gestalten vertiefen, sagen aus, daß sie von deren Präsenz verfolgt werden.

Diese Tatsachen sind für mich ein Hinweis darauf, daß Biographen historische Persönlichkeiten unter kontrollierten Bedingungen »aufsuchen« könnten. Möglicherweise könnte auch das Zusammenspiel von bewußten und unbewußten Fakten zum besseren historischen Verständnis beitragen.

Dies mag sich zunächst etwas merkwürdig anhören, aber der Bericht Toynbees zeigt, wie wichtig das Unbewußte und veränderte Bewußtseinszustände für die Geschichtsforschung sein können.

Auch Toynbee stimmt dem zu. Er erkennt den Beitrag von C. G. Jungs Arbeit für sein eigenes Studium der Geschichte an, indem er erklärt:

»C. G. Jung eröffnete mir eine neue Dimension im Reich des Lebens. Die bewunderungswürdige Vorurteilslosigkeit, mit der sich Jung der verschiedensten Materialien zur Illustration seiner Themen bedient, machte es mir möglich, meinen Weg ins unbekannte Land der Unergründlichkeit des Unterbewußten der Psyche zu finden, indem ich vom Bekannten zum Unbekannten voranschritt ... Das Wiederauftauchen, nach einer Unterwasserreise, von Splittern des bewußten psychischen Lebens, die im Unterbewußten eingetaucht waren, war das Äquivalent zum Wiederauftauchen ...«

Ebenso pries Toynbee Platon, der seiner Aussage nach künftige Historiker darin unterwies, von dem auszugehen, was sie als wahr erkannten, und dann eine Reise in die Welt der Imagination zu unternehmen. Er schrieb:

»Platon lehrte mich zum Beispiel, mich nicht zu schämen, sowohl meine Imagination wie auch meinen Intellekt einzusetzen. Er lehrte mich, nicht zu zögern und, wenn ich auf einer geistigen Reise an die oberste Grenze der Atmosphäre geriet, die dem Verstand noch zugänglich ist, mich von meiner Imagination auf den Flügeln eines Mythos hinauf in die Stratosphäre tragen zu lassen ... Platons Beispiel ... gab mir den Mut, mich von einem westlichen Zeitgeist des frühen zwanzigsten Jahrhunderts zu verabschieden, dessen Orakel aus Waagschalen und Meßlatten bestanden, denn in den mit Scheuklappen versehenen Augen dieses Geistes war die einzige Realität die, die gewogen und gemessen werden konnte.«

Ich möchte jeden Historiker, der an so einer Gelegenheit interessiert ist, dazu auffordern, es mit einer Kristallvision zu versuchen. Eine solche Reise vom Bekannten ins Unbekannte zeitigt gewiß interessante Resultate. Sie kann auch dazu beitragen, daß in bezug auf jene Ereignisse, die sich der Erforschung durch traditionelle Methoden bisher entzogen haben, Verbindungen hergestellt und Schlußfolgerungen gezogen werden.

Das Unbewußte ist ein mächtiges Hilfsmittel für unser Verstehen. In dieser geheimnisvollen Region des Geistes werden Probleme gelöst und Ereignisse geklärt, lange bevor sie ins Bewußtsein treten. Und die Möglichkeit, mit einem derart dramatischen Mittel wie dem der Kristallomantie diese Hauptader an Information anzuzapfen, ist für jene, die eine Verbindung zur Vergangenheit herstellen möchten, gewiß äußerst vielversprechend.

Implikationen im Bereich der Literatur

Bisher hat noch niemand ganz verstanden, wie die uns bekannten phantastischen Geschichten in einer gegebenen Kultur zustande kamen. Aber im Licht unserer gegenwärtigen Kenntnisse zeigt sich klar, daß Elemente der Kristallvisionen in vielen Mythen, Legenden, Märchen, abergläubischen Vorstellungen, religiösen Praktiken, bei historischen Ereignissen und sogar persönlichen Reisen eine wichtige Rolle spielten.

Hier folgt nun eine kurze Zusammenfassung der in vielen dieser Geschichten enthaltenen Elemente:

Die Existenz einer spiegelnden Fläche oder eines spiegelnden Gegenstands.
Lludds Kessel, die Kupferflasche des Fischers, Odysseus' mit Blut gefüllte Grube, Dr. Dees Obsidianspiegel – alle diese Dinge weisen eine spiegelnde Fläche auf, die kristallomantischen Zwecken dienen kann.

Diese Spiegelfläche oder dieser Spiegel haben etwas Besonderes oder sogar Magisches an sich. So wachte zum Beispiel Kenneth MacKenzie aus Schottland eines Nachmittags nach einem Nickerchen auf und entdeckte einen blank polierten Stein auf seiner Brust. Er sagte, dieser Stein sei ihm von den Engeln auf die Brust gelegt worden, und er wurde sein liebster »Spiegel«.

Ein magischer oder ritueller Akt mag erforderlich sein, um den Spiegel und seine Kräfte zu erwecken. In der mythischen Literatur finden sich viele Beispiele dafür. Eines der bekanntesten Beispiele findet sich im Märchen von Schneewittchen, wo die böse Stiefmutter ihren Vers »Spieglein, Spieglein an der Wand, wer ist die Schönste im ganzen Land?« aufsagt, bevor der magische Spiegel sein Urteil abgibt. Auch Aladin muß erst seine Lampe putzen, bevor in ihrer klar scheinenden Tiefe der Dämon erscheint.

Das rituelle Moment spielte bei den Kristallvisionen immer eine große Rolle. Das Reinigen der Oberfläche macht den Gegenstand zweifellos zu einem glänzenderen und besseren Spiegel, aber das Ritual soll die betreffenden Personen auch auf eine Vision vorbereiten. Sie sind davon überzeugt, daß sie, wenn sie diese uralten Rituale befolgen, auch eine Vision verdient haben.

Die erscheinende Wesenheit ist mit dem Spiegel verbunden. Es ist fast immer eine Art von Geist – sei es ein böser oder ein freundlicher – in dem Spiegel anwesend. Wir sehen das durchwegs im Mythos und in der einschlägigen Literatur wie auch im realen Leben. Ich hatte Testpersonen, bei denen die Geisterscheinungen aus dem Spiegel heraustraten und sie besuchten.

Was die Märchen angeht, so ist die Wesenheit im Spiegel der bösen Stiefmutter am bekanntesten, die die schlechte Nachricht übermittelt, daß Schneewittchen die Schönste im ganzen Land ist. Für das Aussprechen dieser harten Wahrheit wird der Spiegel sogleich zerschmettert und in tausend Stücke zerbrochen. Aladins Dämon hüpft aus der Lampe heraus, und ebenso entsteigen in der keltischen Erzählung von Lludd die Drachen dem Kessel.

Ein Mensch vermag in das Reich des Spiegels einzutreten. Wie wir nun von meinen Experimenten her wissen, ist es durchaus nicht ungewöhnlich, daß ein Mensch in das Reich des Spiegels eintritt.

Dieses Phänomen erklärt die phantastische Reise, die Alice in Lewis Carrolls *Alice im Wunderland* unternimmt. Und es erklärt auch die etwas gruselige Erfahrung, die Odysseus macht, als er durch eine schimmernde Blutlache hindurch in die Geisterwelt hineinsieht.

Die Beispiele, die sich in der Literatur finden, nehmen sich oft phantastisch oder unbegreiflich aus. Wenn wir aber verstehen, daß eine solche Übertragung Bestandteil des Prozesses der Kristallomantie ist, dann wird auch klar, daß derartige Erfahrungen eine Rolle in der Literatur gespielt haben.

Der Grenzbereich zwischen der Alltagswelt und dem von den Spiegelwesen bewohnten Reich kann sich sowohl für den Menschen wie auch für das Spiegelvolk als gefährlich erweisen. Da der Dämon, als er aus der Flasche befreit wird, Mordgelüste zeigt, muß der Fischer zu einem Trick greifen, um ihn wieder zur Rückkehr in die Flasche zu bewegen. Andererseits besaufen sich die Drachen in der keltischen Erzählung mit Met und sitzen nun außerhalb des Spiegels in der Falle. Die Geschichte von Numas Nymphe steht insofern für ein Schicksal zwischen diesen beiden Extremen, als sie in die Quelle verwandelt wird, aus der sie gekommen war.

Auch im realen Leben waren die Praktizierenden der Kristallomantie gewissen Risiken ausgesetzt. Doch hier kamen die Gefahren nicht aus dem Inneren des Spiegels, sondern von ihren Mitmenschen. John Dee wurde während seines ganzen langen Lebens immer wieder mit Anklagen wegen Hexerei verfolgt. Cagliostro wurde von einigen (und vielleicht zu Recht) für einen Scharlatan gehalten. Und der arme Kenneth MacKenzie wurde kopfüber in ein Faß mit kochendem Teer getaucht, weil er einer Königin die Wahrheit über ihren fremdgehenden Ehemann erzählte.

Tod und Trauer spielen in diesen Legenden eine große Rolle. Wie auch bei der Herbeibeschwörung von Geistererscheinungen im realen Leben nehmen Tod, Trauer und Verlust in den meisten dieser Erzählungen einen großen Stellenwert ein. Aladins Vater war gestorben wie auch die echte Mutter von Schneewittchen. Odysseus segelte gleich nach dem Tod seines Kameraden Elpenor nach Ephyra. Und als er in die Blutlache blickte, erfuhr er, daß seine Mutter während seiner Abwesenheit verstorben war.

Wieder einmal kommen Mythos und Wirklichkeit zusammen, da die Trauer eines der stärksten Motive ist, das

Menschen nach einer Kristallvision streben läßt. Und wie auch bei einigen der mythischen Figuren werden diese Menschen durch ein Wiedersehen ihrer geliebten Verstorbenen von ihrer Trauer geheilt.

Kernpunkte sind die Trennung von Eheleuten, häusliche Zwietracht oder gesellschaftliche Unruhen. Odysseus reist zum Totenorakel von Ephyra, um zu erfahren, ob er nach Hause zu seiner Frau Penelope zurückkehren kann. Schneewittchens Stiefmutter ist neidisch auf die Schönheit der jungen Frau und versucht sie umzubringen. Und Aladins Familie gerät über den Dämon in der Lampe in Aufruhr.

Das Rätsel von Pandoras Büchse gelöst

Vielleicht kann eine der rätselhaftesten aller Mythen, nämlich die von Pandoras Büchse, auf dem Hintergrund der Kristallvisionen nun erhellt werden.

Nach der uns allen vertrautesten Version öffnet Pandora, die erste irdische Frau, eine Büchse, der alle möglichen Übel entfliehen, welche sich anschließend unter der Menschheit ausbreiten. Wir sprechen von einer Büchse, weil wir einer Neufassung der Erzählung folgen, die der Gelehrte Erasmus von Rotterdam im vierzehnten Jahrhundert niedergeschrieben hat.

In der frühesten Fassung der Geschichte, die wir dem griechischen Dichter Hesiod verdanken, hatte Pandora jedoch keine Büchse. Die Geister entflohen vielmehr einem speziellen Gefäß, das die Griechen *pyxis* nannten. Es war ein großer Behälter, der allen möglichen Zwecken diente. Hier ist die Geschichte, wie sie in *Bulfinch's Mythology* erzählt wird.

Die erste Frau erhielt den Namen Pandora. Sie wurde im Himmel erschaffen, und jede Gottheit steuerte etwas bei, um zu ihrer Vervollkommnung beizutragen. Aphrodite verlieh ihr Schönheit, Hermes Überredungskunst, Apoll Musik usw. So ausgestattet wurde sie auf die Erde gebracht und dem Epimetheus präsentiert, der sie beglückt zur Frau nahm, obgleich sein Bruder ihn warnte, sich vor Zeus und seinen Geschenken vorzusehen. Epimetheus hatte ein Gefäß in seinem Haus, in dem bestimmte schädliche Dinge aufbewahrt wurden, für die er noch keine Verwendung gefunden hatte. Pandora wurde von brennender Neugier ergriffen und wollte wissen, was dieser Behälter enthielt. Und eines Tages hob sie den Deckel und sah hinein. Dem Gefäß entflohen eine Menge Übel für den unseligen Menschen – Übel wie die Gicht, Rheumatismus und Koliken für seinen Körper, und Neid, Boshaftigkeit und Rachsucht für seinen Geist – und streuten sich überall aus. Eiligst verschloß Pandora wieder das Gefäß, doch leider war schon sein gesamter Inhalt entflohen, bis auf ein Ding, das noch auf seinem Grunde lag, und das war die Hoffnung. Und so sehen wir bis auf den heutigen Tag, daß uns trotz aller verbreiteten Übel die Hoffnung nie ganz verläßt; und solange wir sie haben, kann uns keine noch so große Menge an Übeln völlig in Elend und Verzweiflung stürzen.

Meiner Ansicht nach ist die Geschichte von Pandora stark mit dem Thema Kristallvisionen verbunden. Erst aktiviert sie das Gefäß, indem sie den Deckel entfernt, was ganz klar an die rituellen Akte erinnert, derer es bedarf, um den »Spiegel« aufzuladen. Dann sind da Wesenheiten, die aus dem Gefäß auftauchen, nachdem sie es geöffnet und hineingeblickt hat. Das griechische Wort für diese Wesenheiten ist *keres,* kleine ekelhafte und lästige Geister. Ihr Entkommen erinnert an den mordlustigen Dämon in der Flasche und die Drachen, die den Frieden von Lludds Reich stören.

Pandora ist der Mißbilligung ausgesetzt, wie es das

Schicksal der Praktizierenden der Kristallomantie zu sein scheint, und wird ganz klar als die Übeltäterin in der Geschichte portraitiert. Der Aufruhr, den sie entfacht, weil sie den Deckel vom Gefäß nahm, bildet das zentrale Thema der Geschichte. Ihr Ungehorsam brachte das Durcheinander in die Welt und ist für jede der Menschheit bekannte Form von Übel und Krankheit verantwortlich.

Auch findet sich eine implizite Assoziation mit dem Tod in der Geschichte, die die Leser jener alten Zeiten sofort verstanden. Die Verbindung wird durch das Gefäß selbst hergestellt, denn das *pyxis* war ein sehr großer Behälter, der auch oft als Sarg zur Beerdigung von Armen benutzt wurde. Das Gefäß, Eigentum ihres Mannes Epimetheus, ist etwas Besonderes, aber in welcher Hinsicht, das bleibt letztlich ein Rätsel.

Im alten Rom gab es ein Ritual, das Hunderte von Jahren nach dem Entstehen des Pandora-Mythos praktiziert wurde und das sogar noch stärker auf eine Verbindung zwischen diesem Mythos und der Kristallomantie hinweist. Es ähnelt so sehr dem Blick in ein Gefäß, daß ich nicht umhin kann, an eine Verbindung zwischen dem griechischen Mythos und der Realität zu glauben.

Bei den alten Römern gab es ein rundes Loch in der Erde, das *mundus* genannt wurde. Normalerweise war dieses Loch mit einem großen Deckel aus einem kostbaren blauen Edelstein – heute wissen wir, daß es ein Lapislazuli war – verschlossen. Es war mit einer Flüssigkeit gefüllt, sehr wahrscheinlich Wasser oder Wein. An drei Tagen im Jahr – am 24. August, 5. Oktober und 6. November – wurde der Deckel im Rahmen eines Rituals, das mit Geistern in Verbindung stand, entfernt.

Der römische Historiker Varro schreibt: »Ist das *mundus*

geöffnet, so ist das Tor zu den klagenden Unterweltgöttern geöffnet.«

Und so glaube ich, daß ich auf meine Weise das Gefäß der Pandora geöffnet habe. Doch diesem modernen Gefäß werden gewiß gute Dinge wie Hoffnung und Verstehen entspringen.

Wissenschaftler werden vielleicht entdecken, daß Kristallvisionen der Ausgangspunkt vieler unserer großen Mythen und Legenden sind. Ich wage zu behaupten, daß wahrscheinlich eine solche Möglichkeit von jenen, die den Ursprüngen solcher Geschichten nachgehen, noch nie in Betracht gezogen worden ist. Doch ich finde beim Studium dieser alten Texte mehr und mehr Hinweise darauf, daß Kristallvisionen jene Geschichten beeinflußt haben, die zu unserer Zivilisation beitrugen.

Obgleich sich viele Forschungsrichtungen anbieten, bin ich hauptsächlich an der Beratungstätigkeit interessiert, weil ich dabei eng mit Menschen zusammenarbeiten kann, die eine Wiederbegegnung mit geliebten verstorbenen Personen anstreben. In diesem Bereich werden diese außerordentlichen und erstaunlichen Erfahrungen gemacht.

Eine Frau, die kam, um ihren Sohn wiederzusehen, kann es besser zusammenfassen als ich. Ihr Sohn war zwei Jahre vor ihrem Besuch in meinem Psychomanteum gestorben. Er hatte einige Jahre gegen seinen Krebs angekämpft, ein Kampf, wie er typisch ist für viele, die gegen diese Krankheit kämpfen. Der Krebs bildete sich zurück und kehrte dann, als sie gerade glaubten, ihn besiegt zu haben, mit voller Wucht zurück. Schließlich hatte er nach mehreren Rückschlägen einfach aufgegeben.

Die Frau vermißte ihren Sohn schrecklich. Sie kam in der

Hoffnung zu mir, ihn noch einmal zu sehen, und um festzustellen, ob seine Schmerzen vorbei waren.

Wir bereiteten uns den ganzen Tag auf die Begegnung vor, und dann wies ich sie an, sich in die Kabine zu begeben. Ihre Erfahrung war sehr befriedigend. Sie sah eine Reihe von »Erinnerungsvisionen«, eindrückliche Bruchstücke aus seiner Kindheit. Auch berichtete sie, das starke Gefühl gehabt zu haben, daß ihr Sohn in der Kabine anwesend war. »Er saß da bei mir«, sagte sie, als sie herauskam. »Wir saßen beieinander und beobachteten Ereignisse aus unserem gemeinsamen Leben.«

Bald darauf rief sie mich an und erzählte eine unglaubliche Geschichte. Ein paar Tage nach ihrem Besuch bei mir wachte sie aus einem tiefen Schlaf auf. Sie wachte nicht nur einfach auf, sie wurde »überwach. Sehr viel wacher als normal.«

Und da stand in ihrem Zimmer ihr Sohn. Sie setzte sich auf, um ihn zu betrachten, und sah, daß all die Verwüstungen, die der Krebs angerichtet hatte, verschwunden waren. Nun sah er so energiegeladen und glücklich aus wie vor seiner Krankheit.

Die Frau befand sich in einem ekstatischen Zustand. Sie stand auf, trat auf ihren Sohn zu und begann sich mit ihm zu unterhalten. Sie schätzt, daß sie einige Minuten miteinander sprachen, lange genug für sie, um herauszufinden, daß er nun keine Schmerzen mehr hatte und glücklich war.

Sie sprachen über eine Reihe von Dingen, darunter auch über den Umbau, den die Frau nach dem Tod ihres Sohnes am Haus vorgenommen hatte. Sie machte sogar mit ihm einen Rundgang durch einige der Zimmer, um ihm zu zeigen, was sie verändert hatte.

Endlich dämmerte es ihr, was hier vor sich ging. Sie sprach mit der Geisterscheinung ihres verstorbenen Sohnes. »Ich konnte nicht glauben, daß er es war«, erzählte sie mir. »Deshalb fragte ich, ob ich ihn berühren könnte.«

Ohne einen Augenblick des Zögerns trat die Geistererscheinung ihres Sohnes auf sie zu und umarmte sie. Dann, so berichtete die Frau, hob er sie auf und hob sie über seinen Kopf.

»Was da geschah, war so real, als ob er wirklich dagestanden hätte«, sagte sie. »Ich habe nun das Gefühl, daß ich mit dem Tod meines Sohnes abschließen und mein Leben voll weiterleben kann.«

Tief berührt von Visionen wie dieser drängt es auch mich voran.

Bibliographie

Ayer, Fred: *Before the Colors Fade.* Houghton Mifflin, Boston 1964.

Barrett, Sir William: *Deathbed Visions: The Psychical Experiences of Dying.* The Colin Wilson Library of the Paranormal, Aquarian Press 1986.

Belo, Jane: *Trance in Bali.* Columbia University Press, New York 1960.

Bennett, E.: *Apparitions and Haunted Houses.* Faber and Faber, London 1939.

Besterman, Theodore: *Collected Papers on the Paranormal.* Garrett Publications 1968.

–: *Crystal Gazing. A Study in History, Distribution, Theory and Practice of Scrying.* University Books 1965.

Bulfinch, Thomas: *The Age of Fable or Beauties of Mythology.* A Mentor Book, New York 1962.

Bulgatz, Joseph: *Ponzie Schemes, Invaders from Mars and More Extraordinary Popular Delusions and the Madness of Crowds.* Harmony Books 1992.

Day, John: *Aztec: The World of Moctezuma.* Denver Museum of Natural History und Roberts Rinehart Publishers, Denver 1992.

Deacon, Richard: *John Dee: Scientist, Geographer, Astrologer and Secret Agent to Elizabeth I.* The Garden City Press Limited 1968.

Dee, Dr. John: *A True & Faithful Relation of What Passed for Many Years Between Dr. John Dee (A Mathematician of Great Fame in Queen Elizabeth and King James Their Reignes) and Some Spirits: etc.* Redwood Burn Limited, Trowbridge & Esher 1974.

Die Erzählungen aus den 1001 Nächten. Vollständige deutsche Ausgabe in sechs Bänden zum ersten Mal nach dem arabischen Urtext der Calcuttaer Ausgabe aus dem Jahre 1830, übertragen von Enno Littmann. Insel Verlag, Wiesbaden 1953.

Dumas, François Ribadeau: *Cagliostro.* Bechtle, München 1868.

Edelstein, Emma J. und Edelstein, Ludwig: *Asclepius: A Collection and Interpretation of the Testemonies, Bd. I and II.* Faksimile, Ayer Company Publishers, Inc. 1988.

Eliade, Mircea: *Schamanismus und archaische Ekstasetechnik.* Rascher, Zürich 1957.

French, Peter: *John Dee. The World of an Elizabethan Magus.* Dorset Press 1972.

Gauld, Alan: *The Founders of Psychical Research.* Routledge & Kegan Paul Ltd., London 1968.

Goethe, Johann Wolfgang von: *Faust.* In: Goethe's sämmtliche Werke, Elfter Band, Cotta'scher Verlag, Stuttgart und Tübingen 1854.

Goldberg, Benjamin: *The Mirror and Man.* University Press of Virginia 1985.

Harrison, Jane Ellen: *Prolegomena to the Study of Greek Religion.* Princeton University Press, Princeton, N.J., 1991.

Herodot: *Bücher der Geschichte.* Reclam, Stuttgart 1985.

Homer: *Odyssee.* Goldmann Verlag, München 1980.

Hultkrantz, Ake: *The Religions of the American Indians.* University of California Press 1967.

Jackson, Kenneth Hurlstone: *A Celtic Miscellany*. Penguin Books, London 1951.

Kieckhefer, Richard: *Magie im Mittelalter*. C. H. Beck'sche Verlagsbuchhandlung, München 1992.

King, Frank: *Cagliostro: The Last of the Sorcerers*. Jarrolds Publishers, London 1929.

Lang, Andrew: *The Making of Religion*. AMS Press 1968.

Leeds, Morton und Murphy, Gardner: *The Paranormal and the Normal. A Historical, Philosophical and Theoretical Perspective*. The Scarecrow Press, Inc., 1980.

Lindsay, Charles und Schefold, Reimar: *Mentawai Shaman: Keeper of the Rain Forest*. An Aperture Book 1991.

Loewe, Michael und Blacker, Carmen, (Hrsg.): *Divination and Oracles*. George Allen & Unwin, London 1981.

MacKay, Charles: Zeichen und Wunder. Aus den Annalen des Wahns. Die andere Bibliothek, Eichborn Verlag, Frankfurt 1992.

MacKenzie, Alexander: *The Prophecies of the Brahan Seer*. Eneas McKay 1909.

Mavromatis, Andreas: *Hypnagogia: The Unique State of Consciousness Between Wakefulness and Sleep*. Routledge & Kegan Paul Ltd., London 1987.

Mishlove, Jeffrey: *Thinking Allowed*. Council Oaks Books 1992.

Morse, Melvin, M. D. und Perry, Paul: *Verwandelt vom Licht. Über die transformierende Wirkung von Nah-Todeserfahrungen*. Knaur Taschenbuch, München 1994.

Panofsky, Dora und Erwin: *Die Büchse der Pandora. Bedeutungswandel eines mystischen Symbols*. Campus Verlag, Frankfurt 1992.

Parke, Herbert W.: *Greek Oracles*. Hutchinson University Library 1967.

Pausanias: *Reisen in Griechenland.* Artemis, Zürich 1986.
Platon: *Der Staat.* Reclam Verlag, Stuttgart.
Rawcliffe, D. H.: *Occult and Supernatural Phenomena.* Dover Publications 1959.
Schultes, Richard Evans und Hoffman, Albert: *Pflanzen der Götter.* Hallwag, Bern 1980.
Strabo: *Erdbeschreibung.* Langenscheidt, Berlin 1856.
Thomas, Northcote W.: *Crystal Gazing: Its History and Practice, with a Discussion of the Evidence for Telepathic Scrying.* Dodge Publishing Company 1905; Health Research 1968.
Toynbee, Arnold: *Gang der Weltgeschichte. Aufstieg und Verfall der Kulturen. Kulturen im Übergang.* Europa-Verlag, Zürich 1979.
Trowbridge, W. R. H.: *Cagliostro. Savant or Scoundrel? The True Role of This Splendid, Tragic Figure.* University Books (o. J.)
Vandenberg, Philipp: *Geheimnis der Orakel.* Bertelsmann, München 1979.

Sachregister

Wolfgang Schmidbauer

Der neue Psychotherapie-Führer

Die wichtigsten psychotherapeutischen Methoden
Informationen und Tips für Interessierte und Betroffene

224 Seiten · Paperback · Best-Nr. 30603

Psychische oder psychisch mitbedingte Erkrankungen sind äußerst verbreitet. Mindestens jeder dritte Patient eines praktischen Arztes ist seelisch überlastet und daher psychosomatisch erkrankt.

Zunehmend suchen Betroffene – auf ärztliches Anraten oder aus eigenem Entschluß – professionelle Hilfe und finden sich dabei einem schwer durchschaubaren Angebot von Therapiemöglichkeiten gegenüber.

Wolfgang Schmidbauer stellt in seinem Buch die wesentlichen Richtungen der Psychotherapie dar. Er schildert die Zugangswege und Rahmenbedingungen, die durch die Krankenkassen gesetzt werden, und erklärt nicht nur den idealen Verlauf der jeweiligen Therapie, sondern auch die typischen Schwierigkeiten, mit denen vor, während und beim Abschluß einer Psychotherapie zu rechnen ist.

Goldmann Verlag

Dr. med. Malvin Morse und Paul Perry

ZUM LICHT

Was wir von Kindern lernen können,
die dem Tod nahe waren

Aus dem Englischen von Annette Gabriel-Reinecke

226 Seiten · Taschenbuch-Nr. 12553

Die Dokumentation von Kinderarzt Dr. Melvin Morse legt den Schluß nahe, daß der Tod nicht das Ende des Lebens ist. Seine Zeugen waren Hunderte von Kindern, die alle an der Schwelle des Todes standen und unabhängig voneinander das gleiche berichten. Sogar die gewöhnlich sehr kritische New York Times ist überzeugt: »Diese Kinder sind zu jung, um engstirnige Skeptiker zu sein. Sie sprechen über ihre Erlebnisse während des Todes, über die umfassende Liebe, die sie fühlten, über das helle Licht, über ihre Gespräche mit verstorbenen Freunden und Verwandten. Dieses Buch ist bemerkenswert überzeugend und enorm beruhigend.«

Goldmann Verlag